Feliz n̶o̶ ᵒᶜⁱ yo
d̶o̶ todas las ᴬˢ
creo que tu eres la mejor ᴬˢ
gracias por todo la quehaces para
yo estoy privilejiado. -Sebastian.

I Love My

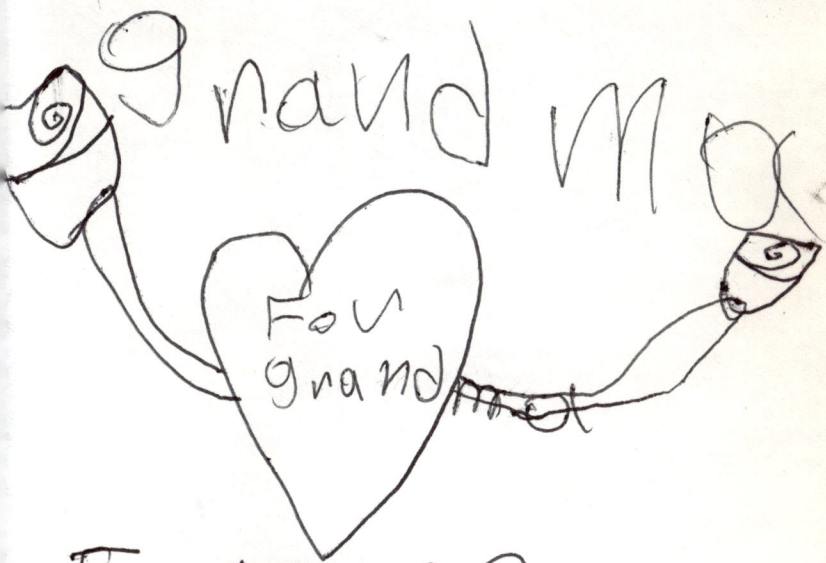

Grandma

Fou
grand mot

Form

Samantha

El nuevo milenio
Un enfoque positivo

Louise L. Hay y sus amigos

El nuevo milenio

Un enfoque positivo

EDICIONES URANO

Argentina · Chile · Colombia · España
México · Venezuela

Título original: *Millennium 2000, A Positive Approach*
Editor original: Hay House, Inc., Carlsbad, California
Traducción: Mila M. Giner

© 1999 *by* The Hay Foundation
© de la traducción, 1999 *by* Mila M. Giner
© 1999 *by* Ediciones Urano, S. A.
   Aribau, 142, pral. - 08036 Barcelona
   info@edicionesurano.com

ISBN: 84-7953-350-1 (tela)
Depósito legal: B. 30.626-1999

Fotocomposición: Ediciones Urano, S. A.
Impreso por Romanyà Valls, S. A. - Verdaguer, 1 -
   08786 Capellades (Barcelona)

Impreso en España - *Printed in Spain*

Índice

❀   ❀   ❀

COLABORADORES
(por orden alfabético)

❈ ❈ ❈

❀   ❀   ❀

Introducción

El propósito de este libro

Louise L. Hay

Este libro es el resultado de las conversaciones que he tenido con mis amigos sobre las tonterías y el negativismo que difunden los medios de comunicación y los pregoneros del miedo acerca del nuevo milenio.

Estos alarmistas se pueden convertir fácilmente en una amenaza para la sociedad mayor que el efecto 2000 o que cualquier otro de los desastres anunciados. Cuando tememos lo peor, podemos hacernos más daño a nosotros mismos y los unos a los otros y perjudicar más la economía de lo que pueden hacer los ordenadores o los desastres naturales. Nadie saldrá ganando si nosotros, como sociedad, nos alarmamos y convertimos este acontecimiento en una pesadilla.

Lo que pasa es que mucha gente quiere sentirse importante y hace cualquier cosa para que se oiga su voz. Una manera de lograrlo es tomar una actitud catastrofista. Por ejemplo, me horrorizó ver un libro titulado *Año 2000. Ya es demasiado tarde: imaginar lo peor en el año 2000*, de Jason Kelly. Luego, mi amigo Bill Levacy, astrólogo védico, me dijo que muchos de sus clientes estaban preocupados y querían saber si la llegada del nuevo milenio les afectaría negativamente. Así me enteré de que el miedo andaba suelto por ahí y decidí que teníamos que hacer algo para tranquilizar el estado de ánimo de la gente.

Escribí la carta que reproduzco a continuación a algunos amigos míos para ver si querían compartir sus pensamientos en este libro. La respuesta fue muy alentadora. Tengo el privilegio de contar con unos amigos maravillosos, que están dispuestos a apoyar un proyecto como éste para mejorar la calidad de vida de las personas. Así se recopiló este pequeño volumen. Sé que nos ayudará a todos a navegar hacia el futuro con alegría.

Querido amigo (o Querida amiga):

Últimamente, con motivo del nuevo milenio, mucha gente está vendiendo mensajes de miedo y difundiendo predicciones catastrofistas. Ya es hora de que algunas voces poderosas expresen un mensaje de esperanza para el cambio de siglo que se avecina.

Necesitamos entrar en el siglo XXI con la

idea positiva de que las cosas van a mejorar, y no a empeorar. El nuevo siglo será un reflejo del corazón y la mente de las personas. Debemos ser más fuertes que los pregoneros del miedo y enseñar a la gente cómo pueden alejarse de esos viejos y terribles pensamientos. Nosotros tenemos un público muy grande, y unidos, podemos calmar el miedo que corre desbocado por todo el planeta ante la llegada del nuevo milenio.

Estoy poniendo en marcha un libro titulado *El nuevo milenio: Un enfoque positivo*. Lo constituirán una serie de mensajes de voces poderosas como la tuya y la mía. Sería maravilloso que pudieras compartir tu visión del año 2000 con personas de todo el planeta. Además, incluirá afirmaciones positivas para que los lectores puedan crear paz y armonía en su mente mientras se acerca esta fecha tan importante.

Si no puedes participar en este proyecto, cuando hables en público, por favor, procura mencionar los nuevos comienzos positivos que nos traerá el milenio.

Gracias por tu tiempo.

Dicha y bendición,

Louise

❈   ❈   ❈

Mis amigos y yo te ofrecemos estos edificantes conceptos con amor. Lee el libro del comienzo al fin, y después, selecciona cada día algunas de las afirmaciones que he escogido de los textos de mis amigos —y también de las que cito al final del libro— y manténlas en tus pensamientos. Lleva el libro contigo a todas partes. Hojéalo a menudo y compártelo con tus amigos. De esta manera superarás cualquier falso miedo que puedas tener. Todos nos guiamos por las leyes de nuestra propia conciencia, y crearemos nuestro propio futuro. Por lo tanto, mantén la claridad de pensamiento y proyecta energía amable y amorosa. Imagina sólo lo mejor para ti y para nuestro mundo en los años venideros.

Demos las gracias por el privilegio de estar en la Tierra en este momento esencial de la historia. Mientras nos aproximamos al nuevo milenio, librémonos de todo lo que no nos sirve y preparémonos para una nueva manera de ser; así podremos lograr la verdadera libertad y hacer un buen uso del poder que hay dentro de nosotros.

❀   ❀   ❀

Tratamientos llenos de amor
para el nuevo milenio

Louise L. Hay

¡Elijo una vida pacífica! La paz empieza conmigo. Si quiero vivir en un mundo pacífico, debo asegurarme de que soy una persona pacífica. Independientemente de lo que digan, hagan o crean los demás, mantengo la paz en mi corazón. Afirmo la paz y la armonía en medio del caos o incluso del desastre. Mis pensamientos de paz llegan a todos los rincones del mundo, en el pasado, el presente y el futuro. Conecto con las personas que tienen la misma mentalidad pacífica que yo, y juntos avanzamos hacia el nuevo milenio sabiendo que todo está bien.

❋   ❋   ❋

Amo este planeta. Aprecio el mundo hermoso en el que vivo. La Tierra es una madre sabia y amorosa y sólo quiere lo mejor para los hijos que habitan en su cuerpo. Todo está previsto para mi bienestar.

Hay aire, agua, comida y compañía. Comparto este planeta con una infinita variedad de animales y de vegetación. Hay tanta belleza que resulta increíble.

Aquí es donde vivo; este es mi hogar. Siempre colaboraré para que sea un lugar mejor donde vivir. Contribuiré a un medio ambiente saludable y limpio.

Voy hacia el siglo XXI expresando compasión por cada persona, lugar y experiencia que me encuentro en el camino.

✽ ✽ ✽

Mi corazón es el centro de mi poder. Todas las decisiones que provienen del espacio de amor de mi corazón sólo pueden beneficiar al mundo. El nuevo milenio representa una nueva era y un nuevo orden. Abandono las viejas creencias limitadoras y los viejos hábitos negativos. El bien que hay delante de mí, que me espera, sólo lo alcanzará un corazón atento, abierto y lleno de amor.

✽ ✽ ✽

❀   ❀   ❀

Recordad, queridos amigos, que tenemos la oportunidad de abandonar el papel de víctimas, y al cambiar nuestra manera de pensar, convertirnos en los dueños de nuestra vida. El nuevo milenio aguarda a aquellos que están preparados para progresar espiritualmente. Si estamos dispuestos a renunciar a los lazos emocionales que nos atan a nuestras creencias y limitaciones del pasado, viviremos completamente en el nuevo momento.

❀   ❀   ❀

Desde hace tres años, Joan Borysenko me envía
por Navidad el bulbo de amarilis más grueso y
grande que puedas imaginarte. Veo con
asombro cómo se convierte en una planta
magnífica, con tres o cuatro grandes
floraciones. No tengo idea de dónde encuentra
Joan esos bulbos, quizás en algún reino mágico.
Lo que sí sé es que estoy encantada de
recibirlos.

Louise L. Hay

1

Las tres joyas de la transformación: comunidad, perdón y compasión

Joan Borysenko

El amanecer de un nuevo milenio es un acontecimiento único en la vida, cargado de posibilidades de transformaciones personales y planetarias. Esta clase de acontecimientos nos enfrentan con nuestros miedos y nos desafían para que los superemos y alcancemos una perspectiva social más amplia, tolerante, positiva y compasiva. Todos los días optamos entre oír la voz paralizadora del miedo o seguir las movilizadoras directrices internas del amor. Mientras se acerca el milenio, y la atención de más de cinco mil millones de seres humanos de todo el planeta se centra en las esperanzas colectivas y los miedos al futuro, se magnifican los resultados de las decisiones que tomamos a diario. Muchas personas están abrumadas emocionalmente y su vida es caótica. Este torrente de sentimientos representa una valiosa oportunidad de vencer el negativismo y concentrarnos en el desarrollo de las tres joyas de la transformación: comunidad, perdón y compasión. Todos vivimos momentos decisivos individualmente —pequeños milenios— que agitan las aguas de nuestra vida y llevan a la superficie nuestra fuerza y nuestros miedos ocultos. Son momentos de revelación que nos pillan despiertos, como una enfermedad que pone en peligro la vida. Nos incitan a hacernos grandes preguntas, como éstas: «¿Cuál es el propósito de la vida? ¿Cuál es el legado de una vida bien vivida? ¿Cómo puedo servir mejor a los demás?». Las tres respuestas más poderosas tienen que ver con reconocer la importancia de la comunidad, sanar nuestro pasado mediante la humildad y el perdón, y desarrollar una profunda compasión por la Tierra y todas las criaturas vivientes.

Comunidad

Unas semanas antes de escribir este texto, dos amigos míos cumplieron los cincuenta. Los cumpleaños que marcan un cambio de década, aunque menos traumáticos que las enfermedades o la ansiedad del milenio, son también oportunidades de «imaginar», cuando nuestra sabiduría interna nos invita a considerar las grandes cuestiones de la vida. Una de mis amigas nos invitó a media docena de personas a sentarnos con ella en el «círculo de la sabiduría» y compartir lo que considerábamos más importante en la segunda mitad de nuestra vida.

Convocar el círculo era, ya de por sí, un acto transformador. Reunió a la comunidad en una conversación sincera, llena de amor, a veces chistosa, y a menudo conmovedora. Cuando compartimos nuestras visiones, ideas, esperanzas y miedos, puede que escuchemos algo por primera vez. La intención de reunirnos en comunidad, ya sea con un amigo, en un grupo pequeño o incluso en un grupo grande, evoca el espacio donde el inconsciente y el superconsciente pueden regalarnos sus golosinas. Es normal hablar y luego preguntarse: «Pero, ¿de dónde ha salido eso?». Juntos, más poderosamente que separados, podemos reunir las joyas ocultas de nuestra vida y decidir cómo utilizarlas mejor. Juntos podemos, con más sinceridad y un mayor coraje, enfrentarnos a la tarea de reciclar la basura que hay en nuestra vida, para poder utilizarla como semillero de palabras, pensamientos y actos de los que pueda nacer una vida más consciente y compasiva.

Perdón

El año 1999 ha sido hasta ahora excepcional en política. El presidente de Estados Unidos tuvo que responder de las acusaciones que se le hacían, como resultado de sus intentos de ocultar sus relaciones sexuales con una joven becaria de la Casa Blanca. Un coro de diversas voces se alzó después de su absolución: indignación; asco ante el declive de los valores morales o, a la inversa, ante la cantidad de tiempo y energía malgastados en la vida personal de un político; alivio, y puro aburrimiento por la banalidad de todo el asunto. No obstante, el sórdido espectáculo fue un drama moderno que se desarrolló en el enorme escenario de un mundo unido, por primera vez en la historia, en una red de comunicación instantánea.

Me gustaría dar las gracias al presidente Clinton, no por sus actos, sino por ofrecerse simbólicamente como ejemplo de que la transformación sólo puede venir después de que nos hemos enfrentado a nuestra sombra, hemos tomado posesión de nuestro lado oscuro y hemos comenzado el proceso de transformar los errores pasados en abono para un futuro más fértil en presencia de una comunidad de testigos. Con independencia de que se piense que sus disculpas eran sinceras o sólo una retórica vacía motivada por el miedo político, no deja de ser inspirador oír a una figura política hablar en público de perdón y humildad.

En una carta dirigida a los cardenales, filtrada a la prensa italiana, el Papa pidió un ejercicio similar de humildad y perdón, al llamar la atención sobre el hecho de que a la cristiandad se le presentaba la excepcional oportunidad de reconocer y transformar su historia negra, mientras avanzamos hacia un nuevo milenio. Si todas las personas e instituciones se reconocieran a sí mismas en la Inquisición, las Cruzadas y el exterminio de los «paganos» —personas cuya visión de la realidad es diferente de la nuestra—, entraríamos en el nuevo milenio con el corazón sintonizado con la compasión y la comunidad, en lugar de estarlo con el aislamiento y el miedo. Aunque peque de optimista, creo que cada vez hay más personas e instituciones que lo están haciendo. Queda un largo camino por recorrer, pero un mundo nuevo no se construye en un día.

Compasión

Cuando mi hijo pequeño, Andrei, iba al instituto de enseñanza media, su profesor de ciencias sociales le encargó un trabajo oral de historia. Cada estudiante tenía que entrevistar a un familiar mayor en relación con su pasado. El abuelo paterno de Andrei compartió con él sus terribles recuerdos de la infancia, cuando su familia estuvo al borde de la muerte en el holocausto de Stalin, en que fueron asesinados doce millones de ucranianos. Diez años después, los ojos de Andrei siguen llenándose de lágrimas cuando recuerda la historia que le contó su abuelo de una vecina que se volvió loca de miedo, dolor y hambre, y se comió a su hija pequeña después de matarla. Por muchos libros de historia sobre Stalin que se lean, cuesta imaginar algo que pueda tener el mismo impacto para engendrar un corazón compasivo y el firme propósito de aliviar el sufrimiento de todas las personas y rendirles homenaje.

Steven Spielberg creó la Fundación Shoah como un proyecto de transmisión oral de la historia, después de escuchar de primera mano muchos relatos de supervivientes del holocausto de Hitler. Esta fundación también tiene grabadas entrevistas con supervivientes del holocausto del Tíbet, nativos americanos y personas de raza negra, y utiliza conmovedores relatos, descritos en primera persona, para educar a los estudiantes en la tolerancia y la compasión. Los holocaustos continúan ocurriendo en todo el mundo. Para detener estos asesinatos, debemos ayudar a nuestros hijos a desarrollar no sólo la tolerancia hacia todas las razas, religiones y culturas, sino también la motivación humanitaria que protege la vida en todas sus formas, incluido el ecosistema de nuestro delicado planeta.

❋　❋　❋

❀ ❀ ❀

Mientras entramos en el próximo milenio, disponemos de oportunidades sin precedente tanto para la destrucción global como para la transformación global. Al viajar por todo el planeta aprendiendo y enseñando, me he convencido de que aquellos que se hacen grandes preguntas sobre el significado y el propósito de la vida, son una poderosa fuerza transformadora. Estamos creando fuertes comunidades de fe, de una fe múltiple. Son comunidades transculturales y ecológicas, impensables hace sólo unas décadas. Nuestro auténtico «esqueleto», individual y colectivo, está saliendo a la luz. Y sobre esos desgastados huesos están creciendo las células vivas del respeto humanitario y de la acción social consciente. Juntos podemos, y creo que lo conseguiremos, hacer realidad un mundo en el que se honren y se estimulen los dones y la divinidad de todas las personas y de todos los seres vivos.

❀ ❀ ❀

❀   ❀   ❀

Sanamos nuestro pasado con humildad
y perdón.

Coleccionamos las joyas ocultas de nuestra
vida y decidimos la mejor manera
de utilizarlas.

Transformamos los errores del pasado
en el abono que nutrirá las nuevas semillas
que plantamos ahora.

❀   ❀   ❀

❋   ❋   ❋

Aceptamos y cambiamos nuestra historia
oscurantista mientras entramos
en el nuevo milenio.

Sintonizamos nuestro corazón con la
compasión y la comunidad.

Día tras día, creamos un mundo nuevo y mejor.

Tenemos oportunidades inauditas de contribuir
a la transformación global.

❋   ❋   ❋

Carolyn Bratton es una mujer poderosa a quien tengo la suerte de conocer desde hace muchos años. Durante mucho tiempo, dondequiera que yo hablara en público, allí estaba Carolyn sentada entre el auditorio. Enseña mi visión del mundo en el Lifestream Center, su centro de enseñanza holista de Roanoke (Virginia), y mi columna aparece en su periódico de la Nueva Era. Siempre que me visita en San Diego, me trae nueva información de Feng Shui para realzar mi casa. Cuando me mudé, Carolyn vino a pasar cuatro días conmigo para ayudarme, y puso precio a todas las cosas de las que me desprendí en la venta que organicé en el garaje de mi casa.

Louise L. Hay

2

El milenio: un espacio de tiempo para experimentar un Nuevo Cielo y una Nueva Tierra

Carolyn A. Bratton

Según nos acercamos a eso que llamamos «el milenio», encuentro más y más personas que no sólo temen lo que consideran que podría ser el fin del mundo tal como lo conocemos, sino que también albergan miedos y preguntas sin respuesta sobre su propio destino. ¡Y hay personas que no tienen ni la más remota idea de lo que está ocurriendo en su pequeño universo!

Pienso que nos acercamos a un momento muy importante en el que podemos crear un nuevo cielo y una nueva tierra. El milenio, sea real o no (según el calendario gregoriano, entramos hace cuatro años), nos ofrece la magnífica oportunidad de considerar larga y detenidamente cómo vivimos. ¿Hay aspectos de nuestra existencia que necesitan un ajuste? ¿Hemos realizado muchos de nuestros más acariciados sueños? ¿Es ahora el momento adecuado de mirar hacia dentro y explorar el universo que existe en el interior de cada uno de nosotros? ¿Podemos encontrar tiempo para hacer las cosas que realmente nos producen verdadera alegría y satisfacción? ¿O nos conformamos con seguir recorriendo el viejo y desgastado camino de siempre que nos trae las mismas y viejas experiencias que conocemos de sobra?

Me gusta pensar que, gracias a este estallido de energía universal llamado «milenio», sabremos que nuestros sistemas de valores se ponen a prueba, y cada uno de nosotros puede escoger conscientemente entre vivirlo de una manera positiva o negativa. Yo veo el milenio como una época de grandes cambios positivos para las personas, porque la conciencia universal se mueve en esa dirección. Al saber que a todos nos apoya y nos sostiene la Luz de nuestras elecciones, podemos mejorar las cosas.

Como especialista y profesional de Feng Shui, y directora de un centro de enseñanza holista, tengo el privilegio de que se me recuerde cada día que la vida de las personas puede cambiar en una millonésima de segundo, sólo con mostrar buena voluntad y aceptar la posibilidad del cambio. Yo espero que este nuevo milenio nos ayude a centrar nuestra atención en los cambios positivos que podemos realizar conscientemente en nosotros, en nuestra familia y en nuestra hermosa Madre Tierra, creando ese nuevo cielo y esa nueva tierra aquí mismo, mientras vivimos y respiramos nuestras verdades.

El único tiempo que tenemos es el eterno presente, que parece convertirse en futuro; pero, ¿es eso lo que de verdad ocurre? Podemos empezar a influir en el futuro, en el nuevo milenio si se quiere, viviendo eternamente el presente. Por ello, vayamos hacia delante, trabajemos juntos para crear un planeta más lleno de amor, dentro y fuera de nosotros, afirmando la verdad de nuestro ser: todos somos hijos de un Dios lleno de amor; recibimos apoyo constantemente de la creencia en una Conciencia Universal que nos trae todo lo que queremos experimentar como realidad; somos amados y Divinamente protegidos dondequiera que estemos; todo va bien en nuestra vida, y es una bendición estar aquí en este increíble momento de la historia de nuestro planeta.

La Tierra está siempre en constante cambio; los científicos lo han demostrado. Nosotros también estamos en un constante cambio, mental, físico, emocional y celular. El cambio es bueno; de hecho, es maravilloso. Mientras nos dirigimos a ese punto donde nos aceptaremos y nos amaremos más a nosotros mismos y al planeta, disfrutemos de todos los cambios que se avecinan. Nada permanece nunca igual.

Mientras se aproxima el nuevo milenio, podemos disfrutar de las posibilidades que existen para la expansión de nuestra conciencia en bien de todos. Y podemos saber que todos somos uno, y que estamos unidos en el amor que diariamente se vierte a raudales hacia nosotros.

Recuerda que eres una persona amada. Dios te bendiga.

❀ ❀ ❀

❀ ❀ ❀

*Ahora es el momento de hacer realidad
nuestros más acariciados sueños.*

*Trabajamos unidos para crear un planeta
más lleno de amor.*

*Somos amados y estamos divinamente
protegidos dondequiera que nos encontremos.*

*Es una bendición para nosotros estar aquí,
en este punto del tiempo y el espacio.*

El cambio que se avecina es positivo.

*Aumentamos nuestra conciencia del bien
en el mundo.*

❀ ❀ ❀

Es inevitable querer a Sylvia Browne cuando la conoces. Tiene los pies en la tierra y es muy cariñosa. Y sus predicciones siempre dan en el clavo. Es capaz de recordar, palabra por palabra, una lectura que hizo hace diez años.

Sé que habrá un momento, en el próximo milenio, en el que ser médium, como lo es Sylvia Browne, será algo normal y natural en la vida. Todos aprenderemos a adivinar el futuro, a ver por adelantado los resultados de nuestras elecciones y guiarnos de acuerdo con ello. Con el tiempo, llegaremos a poder leernos mutuamente los pensamientos, y mentir será una costumbre tonta del pasado. Aprenderemos realmente a utilizar nuestros pensamientos para mejorar nuestra vida. Sylvia Browne ha tenido siempre una poderosa fuerza para el bien, y ha utilizado sus talentos y habilidades para ayudar a quienes los necesitan.

Louise L. Hay

3

Una mirada llena de amor al milenio

Sylvia Browne

Ha habido tanta histeria sobre el año 2000 en la prensa escrita y otros medios de comunicación que muchas personas se han vuelto aprensivas. En conferencias, apariciones por televisión y consultas personales con miles de clientes, he hecho todo lo posible para calmar los miedos del pueblo estadounidense.

Tanto física como espiritualmente, el mundo seguirá como siempre. Tal como ha ocurrido durante millones de años, el sol saldrá y se pondrá en un mundo lleno de conflictos desde hace mucho tiempo, pero no será el fin del mundo. Ni la costa este ni la costa oeste de Estados Unidos quedarán sumergidas bajo el agua. La industria informática no se desmoronará. No estallará una guerra nuclear.

Estoy convencida de que este tipo de negativismo provoca muchos problemas innecesarios. Después de todo, el miedo es mortal. Nuestro cuerpo físico lo sabe. La Tierra también tiene una memoria celular, al igual que nosotros, y el negativismo siempre engendra cosas negativas.

En el año 1000, todo el mundo se lanzó a la calle dispuesto a enfrentarse a su Armagedón. Probablemente, esto volverá a suceder en el año 2000, y luego, cuando no ocurra ninguna gran catástrofe, todo el mundo volverá a su casa. Tenemos bastante trabajo con luchar contra todo lo negativo; por eso, debemos estar por encima de todas esas profecías que anuncian el día del juicio final. Recordemos que el Señor dijo, no una sino dos veces, que ningún hombre podría predecir el final.

Unámonos todos para educar, ayudarnos mutuamente, amarnos los unos a los otros y sanar a los enfermos. Esa sería una convergencia realmente armoniosa. Nos introduciría de verdad en la era del Mesías, en lugar de mirar a un futuro negro y deprimente. Además, si estudiamos bien el calendario gregoriano, de hecho el año 2000 fue hace cuatro años.

Por último, si el año 2000 fuera realmente el fin del mundo —que no lo es, pero vamos a imaginarnos que lo fuera—, ¿qué es lo peor que podría ocurrir? Que todos juntos recorreríamos ese magnífico túnel que conduce al Otro Lado. ¡El único fastidio sería que estaría abarrotado!

Sé feliz. Dios nos ama y nos protege; por ello, concentra tu mente y tu corazón en la energía amorosa y positiva, porque es Dios.

Dios te ama; yo también.

❁　❁　❁

Nos reunimos para amarnos
los unos a los otros.

El amor cura todas las enfermedades
del mundo.

Creamos una convergencia
realmente armoniosa.

Disfrutamos de la vida y esperamos
un futuro brillante.

Vemos la vida con ojos positivos
y llenos de amor.

❁　❁　❁

Conocí a Deepak Chopra en una conferencia-
desayuno en la convención de la Asociación de
Libreros Estadounidenses en Chicago. Yo era
la moderadora del foro-desayuno y era la
primera vez que le oía hablar. Como la mayoría
de personas que asistimos a ese desayuno, me
dejé llevar por su elocuencia. Recuerdo haber
dicho al público, cuando acabó su conferencia:
«No hace falta que recordemos una por una
las palabras que ha dicho Deepak. Está todo
en el subconsciente y podemos echar mano
de ello cuando lo necesitemos».
Siempre me ha impresionado que Deepak
pueda hablar cuatro días seguidos
en un seminario sin tener
que mirar ninguna nota.

Louise L. Hay

4

¿La clonación del alma?
¿Será esto lo que ocurrirá
en el próximo milenio?

Deepak Chopra

¿Primero una oveja y después un mahatma? La posibilidad de clonar seres humanos ha obligado a sacar de las sombras cuestiones enterradas acerca del cuerpo, la mente y el alma. ¿Y si consiguiéramos un mechón del pelo de Einstein? ¿Podríamos clonar también su mente? Se trata de algo lo bastante atrayente y perturbador para pensar en ello. Pero, ¿por qué no llegar más lejos? ¿Y si encontramos una célula de la piel de Jesús, o de Buda, reposando en algún relicario medieval? ¿Podríamos clonar un alma y con ella un pedazo de divinidad?

Estoy sugiriendo esta fantasía o proyección —como se prefiera— porque la frase «clonar el alma» evoca la pregunta más perturbadora de todas: *¿acaso tenemos alma?* En los últimos once años, he dado más de mil conferencias públicas sobre temas diversos, desde la medicina cuerpo-alma a la vida futura. Sea cual sea el tema, siempre que invito a los asistentes a hacer preguntas, aflora a la superficie la ansiedad espiritual. Y esa misma ansiedad ya existía hace cien, mil, cinco mil años.

¿Tiene significado mi vida?
¿Existe Dios?
¿Qué ocurre después de la muerte?

Al final de este brillante y brutal siglo, la ciencia está a punto de prometernos una respuesta para todo, al menos potencialmente. La clonación es un símbolo de esa victoria total, de esa seguridad. (Pues aunque los científicos no puedan contestar a nuestras preguntas, ahí están Schweitzer, Einstein, Gandhi o Darwin para hacerlo.) El genio por encargo sólo es el primer paso hacia la santidad por encargo. En definitiva, ¿será esto la llave de nuestra salvación?

Según mi experiencia, la ciencia no nos ha ayudado a comprender nuestra alma ni en la más pequeña medida, lo cual es bastante razonable si pensamos que todavía no han aparecido las normas «objetivas» para medir, pesar o incluso detectar el alma. La mayoría de los científicos opinan que nunca se detectará, aunque el gran físico indio Chandra Bhose intentó, según dicen, encontrar la carga de energía del alma (una analogía del actualizada de los sabios medievales que pesaban a los pacientes inmediatamente después de morir para comprobar si pesaban menos una vez que el alma había abandonado el cuerpo).

La división entre objetividad y subjetividad es un tema demasiado gastado para hablar de él. Pero pensemos en esto: ya en 1905 Einstein y el resto de brillantes pioneros de la física cuántica establecieron firmemente que la realidad se ve influida por el observador. No miramos el mundo de manera objetiva a través de una ventana de vidrio; estamos entretejidos en él como los hilos de un tapiz.

Recientemente he tenido el privilegio de sentarme al lado de Ilya Prigogine, el venerable premio Nobel belga, que estableció importantes vínculos entre pautas y caos en los sistemas físicos. «¿Cree usted —le pregunté— que podríamos estar explorando un universo que fuera tan consciente como nosotros?» Prigogine se quedó un momento pensando y me contestó: «Consciente, no; pero yo creo que el universo es creativo».

Le di la razón y señalé que el universo que nos ha creado a todos, a través de miles de millones de años de evolución, sigue aún dentro de nosotros en forma de energía e información codificada. Es posible que los zarcillos infinitesimales de ADN que hay dentro de cada célula, se desenrosquen como un pergamino que llevara escrita la historia del cosmos. Los infinitos campos de energía e inteligencia que todos personificamos forman el alma. El alma es pura creatividad, pura inteligencia y pura conciencia. Trasciende el tiempo y el espacio participando de este momento y de todos los momentos, de este lugar y de todos los lugares. Así, cuando en los antiguos Upanishads leemos: «Yo soy Eso, tú eres Eso y todo es Eso», se está haciendo una afirmación científica asombrosa. Cualquier físico cuántico que trabaje en una teoría del campo unificado, estaría de acuerdo en que tiene que existir una realidad de un orden más alto que hace de arcada por encima y más allá del espacio-tiempo. De otra manera, no se puede explicar la fuente del universo visible.

¿Por qué, entonces, adopta tan firmemente la ciencia la postura del guardián escéptico que nos niega la autenticidad de nuestra alma? Irónicamente, eso ocurre porque la mayoría de los científicos no han evolucionado al mismo ritmo que sus respectivos campos. La realidad cuántica está separada del alma por apenas nada salvo el finísimo tejido de un concepto. Y el concepto es éste: en una metáfora obsesionante, el filósofo y científico contemporáneo Ken Wilber dice que los humanos ven con los ojos del cuerpo, los ojos de la mente y los ojos del alma. La ciencia acepta los dos primeros, pero no el tercero.

Nunca sabremos seguro si podremos clonar un alma hasta que lo veamos con los ojos del alma.

Muchos ya lo han hecho, un grupo imprecisamente vinculado de poetas, visionarios, artistas, locos y santos. Su experiencia es tan válida como la que se obtiene a través de un acelerador de partículas de gran velocidad. Sólo tenemos que aceptarla conceptualmente. Un santo es, a su manera, un investigador objetivo, como demostraba San Agustín: «Y siendo así que Tú estabas dentro de mí, yo estaba fuera de mí y allí Te buscaba».

Vivimos en la era de la información, pero todavía no nos hemos sacudido de encima la anterior, la «era de la ansiedad», como la apodó W. H. Auden, en medio de una descomunal efusión de suplicio e incertidumbre en vísperas de la Segunda Guerra Mundial. ¿Tendremos que recuperar a Auden y preguntarle si nuestra era ha perdido la ansiedad?

Tengo una predicción que hacer. En cierta ocasión, un eminente virólogo me dijo que parte del misterio del virus del sida estaba en su habilidad para infiltrarse en las células anfitrionas: «Las células están protegidas por unas membranas increíblemente elaboradas, y dentro, el núcleo está protegido por una fortaleza, pero fíjate que la entrada de unos cuantos virus del sida acaba con todo eso. Es como si alguien lanzase una pelota de béisbol contra una ventana del World Trade Center y se derrumbase todo el edificio».

Yo predigo que a la ciencia objetiva le pasará

lo mismo. Ha levantado un edificio gigantesco de conocimientos, y, sin embargo, hay un agujero en una ventana. El viento sopla por el agujero; la ansiedad sale a raudales por él. Todo el mundo se fija en el agujero, pero pocos están dispuestos a hablar de él. Ese agujero es el miedo a carecer de sentido, que sólo puede curar la experiencia del alma. Algún día tendremos el suficiente coraje para mirar cara a cara ese miedo, sin sentirnos ridículos, avergonzados o incómodos, y entonces habrá llegado el momento de construir un nuevo edificio, uno que explique el universo interno con tanta confianza como ahora explicamos el externo. «Y siendo así que Tú estabas dentro de mí, yo estaba fuera de mí y allí Te buscaba.»

❋ ❋ ❋

✤   ✤   ✤

*El nuevo milenio da un enorme sentido
a nuestra vida.*

*Ahora, la llave de la salvación está
delante de nosotros.*

*Personificamos infinitos campos de energía
e información.*

*Somos pura creatividad, pura inteligencia
y pura conciencia.*

✤   ✤   ✤

Alan Cohen ha pasado muchos ratos en mi
jardín disfrutando de la belleza de sus flores.
Por supuesto, el mío es un jardín californiano y
él vive en Hawai, cuya frondosidad tropical es
imposible de igualar. Descubrí en Alan una
gran calidez y delicadeza interior. Mira la vida
de una manera amable y confiada. Me
encantaría tener su serenidad y su paz. Pero
entonces no tendría a Marte en mi décima casa.

Louise L. Hay

5

El año 2000

Alan Cohen

La pregunta que hay que hacerse no es: «¿Cómo protegerme del desastre que se avecina?», sino: «¿Qué parte de la mente, individual o colectiva, tomaría algo tan brillante y hermoso como un nuevo milenio e intentaría convertirlo en una tragedia?».

Un curso de milagros enseña que «el amor puro hace brotar todo lo que es distinto de sí mismo», y del mismo modo, la mente temerosa siempre percibe un gran cambio como una amenaza. Pero el *Curso* también nos dice que «todo cambio es bueno» y que «la confianza es la cuna de todo el sistema de pensamiento del maestro de Dios».

Mientras oigo hablar más y más del caos en vísperas del nuevo milenio, veo, «en masa», una pauta que he notado en mi propia vida y en la de las personas que participan en mis seminarios. Siempre que estoy a punto de hacer un salto cuántico espiritual, social o material, brota una resis-

47

tencia, que grita: «¡No puedes hacer eso! ¡Estás dando un paso hacia lo desconocido! ¡Quédate con lo conocido mientras puedas!».

Cuando tengo la suficiente presencia de ánimo para seguir adelante con fe, me resulta evidente que esa voz chillona no provenía de un guía divino, sino de un miedo ancestral. Por eso he aprendido a convertir el miedo en mi amigo; cuando aparece, sé que estoy a punto de salir del círculo que una vez circunscribió mi mundo y descubrir un universo mayor.

No me sorprende, pues, que el próximo cambio de año, de década, de siglo y de milenio provoque una inquietud masiva. Me acuerdo de una época en la que tenía que mudarme de casa y ya había sacado todos los muebles del salón. Mi perro, sintiendo que el mundo que había conocido hasta entonces se desbarataba, se puso muy nervioso y, cosa que no hacía nunca, perseguía mi coche hasta la calle cada vez que hacía un simple viaje al supermercado. No se daba cuenta de que todo iba bien, de que el cambio era bueno y la próxima casa donde iba a vivir tendría un jardín mayor y más espacio para que él pudiera jugar.

Lo que me sorprende mucho es hasta qué punto personas espiritualmente maduras se están dejando llevar por la publicidad y la histeria. Hace poco acudí a una fiesta donde se acabó hablando del año 2000. De repente, las vibraciones sensacionalistas y las actitudes defensivas y poco abiertas invadieron el campo de energía. En contraste con la armoniosa y autorizada conversación del principio, acabaron por imponerse la necesidad, la impotencia y los intereses personales; y con un placer macabro, las personas que hablaban disfrutaron recreándose en supuestas estadísticas que auguraban atrasos en la disponibilidad monetaria, en el dinero invertido por el Bank of America para evitar los inconvenientes del efecto 2000, y en las minucias de los previstos y oscuros fallos de los ordenadores. Tranquilamente, abandoné la sala.

He llegado demasiado lejos en mi camino espiritual para perderme por los senderos del miedo. Hace mucho años estudié con un maestro que hizo muchas predicciones sobre el final de los tiempos que se avecinaba. El maestro, que aseguraba haber sido físicamente visitado por Nostradamus, lanzaba fechas y detalles sangrientos de múltiples calamidades mundiales y desastres que ocurrirían entre 1981 y el año 2000. Empujados, sobre todo, por el miedo y el deseo de autoprotección, más de cien estudiantes nos reunimos y formamos una comunidad de supervivencia. Compramos unos terrenos en un paraje remoto, excavamos la tierra y construimos refugios subterráneos, enterramos enormes tanques de gas y compramos toneladas de comida de emergencia. A mí me tocó ser el responsable de reunir la comida, que acabó llenando un granero. Trabajamos duramente y mucho para estar preparados cuando llegara el colapso económico, el hambre mundial y la lluvia nuclear. Gracias a Dios, nunca conseguimos armas.

Un día, unos cinco años después, me di cuenta de repente de dos cosas. La primera era que había vendido mi fe a cambio del miedo, y mientras me enfrascaba en protegerme contra el futuro desastre, me perdía la belleza y la abundancia disponibles en aquel momento. Y la segunda cosa de la que me di cuenta es que las predicciones que el maestro había hecho para aquel período de tiempo no se habían cumplido. Decidí entonces que la vida era algo más que vivir en un refugio frío y oscuro, y que prefería vivir con alegría, gratitud y optimismo que protegerme de un borroso día del juicio final. Tranquilamente me fui.

Han pasado veinte años desde el día en que estaba anunciado el fin del mundo. Ninguna de las predicciones del maestro se ha cumplido. Él era sincero y de verdad quería ayudar a sus discípulos a crear un mundo mejor. Pero la información era incorrecta. O bien procedía de una fuente deficiente o hubo una transformación de la conciencia que cambió la dinámica del juego.

Sin embargo, hubo una bendición oculta. Disfruté formando parte de una comunidad espiritual. Me encantó trabajar mano a mano con mis semejantes y, aparte del escenario del desastre, pasamos muy buenos ratos: cantamos, meditamos, reímos y crecimos unidos como una familia. Cuando miro atrás y pienso en aquellos años, los recuerdo como una de las épocas más enriquecedoras de mi vida. Ahora, rara vez pienso en la supervivencia, pero sí recuerdo con agrado la sensación de familia. Por eso, creo que a la larga aprendí mucho, no del desastre, sino del amor.

No tenemos que asustarnos para reunirnos. He sentido el miedo, sé lo que es, y no me interesa. Pero podemos mirar el miedo a los ojos y preguntarnos: «¿Qué lección puedo sacar de esto?».

Mi amigo Jerry pasa sus días en una silla de ruedas y recibe una modesta ayuda económica del Gobierno. Me explicó que estaba preocupado por la llegada del 2000, por si los ordenadores del gobierno fallaban y se quedaba sin su ayuda económica. Le recordé que tenía una fuente de apoyo mucho más fiable que el Gobierno. Desde que tuvo el accidente hace cinco años, voluntarios de nuestra comunidad le han ayudado todos los días y han organizado numerosas recogidas de fondos. Jerry recibe apoyo de Dios Todopoderoso, canalizado en parte a través del Gobierno, y mucho más a través de amigos y otras vías milagrosas. Le dije que si Dios había cuidado tan bien de él hasta ese momento, tenía todas las razones para esperar que seguiría recibiendo bondad y misericordia.

Y lo mismo nos pasará a todos nosotros. Todo

está bien y no hay nada que temer. Como seres divinos, nuestro Creador nos ha imbuido de sabiduría, orientación y creatividad a través de nuestros ordenadores espirituales internos. Una vez más, hemos demostrado una impresionante ingenuidad. Logramos llegar a la Luna utilizando un ordenador no más avanzado que el viejo Commodore 64 —¡un juguete!—. Y después arrancamos el Apolo 13 de las garras del desastre sin hacer grandes esfuerzos. Dado que inventamos el ordenador, doy por hecho que se podrá solucionar fácilmente un problema tan pequeño como el de un par de dígitos. Es probable que solucionarlo cueste mucho dinero, pero podemos permitírnoslo; vivimos en un universo próspero, y si Dios nos da una tarea, también nos proporciona los medios necesarios para cumplirla. Podemos atravesar fácilmente el año 2000 si mantenemos la cabeza en su sitio y nos abstenemos de utilizar este desafío como una distracción del Reino que tenemos al alcance de la mano.

Podemos utilizar los temibles escenarios del año 2000 que nos ofrecen para practicar la presencia de Dios (Él-Ella) o su ausencia; podemos hacer con ellos lo que queramos. ¿Por qué abogaría nadie a favor del desastre cuando se puede tomar una postura a favor del bienestar? Durante 2000 años hemos tenido a Jesús en la cruz, emulando y representando su crucifixión en nuestra vida, una práctica en total contradicción con sus enseñanzas. Yo creo que el año 2000 sería la oportunidad perfecta para bajar finalmente a Jesús de la cruz, y nosotros con él. No tenemos que crear un drama de sufrimiento para ganar la salvación; simplemente tenemos que reconocer la perfección que hay dentro de nosotros y a nuestro alrededor.

Por eso digo: «¡Que llegue el milenio!». Mi visión es que abriremos los ojos la mañana del 1 de enero del 2000 y no nos encontraremos con un mundo en tinieblas, sino con un mundo luminoso. La luz por la que vivimos no la producen las compañías eléctricas, sino el resplandor de nuestro corazón, nuestra mente y nuestro espíritu. Jesús ya nos avisó: «Eres la luz del mundo; no escondas tu luz debajo de un cesto». O de un ordenador.

❋   ❋   ❋

Todo está bien; no hay nada que temer.

Vivimos en un universo próspero.

Estamos a favor del bienestar en el mundo.

Reconocemos la perfección que hay dentro de nosotros y a nuestro alrededor.

¡Que llegue el milenio!

❋   ❋   ❋

Terah Kathryn Collins y yo somos dos amigas que nos lo pasamos muy bien. Siempre nos hace ilusión vernos. Nos encanta subirnos a mi furgoneta y vivir aventuras. Una vez fuimos a un criadero de lombrices y volvimos a casa con un camión cargado de estiércol de lombriz para nuestros jardines. Terah incluso me compró un frasco de lombrices vivas cuando me instalé en mi nueva casa. A menudo vamos a recoger plantas. En una ocasión fuimos a un rancho de llamas, y pasamos el día con estos fabulosos animales. Es una gran profesora. Me encanta asistir a clase en su escuela de Feng Shui.

Louise L. Hay

6

Simplicidad externa, riqueza interna

Terah Kathryn Collins

El milenio es un nuevo comienzo para todos; es cerrar una puerta y abrir otra. En los últimos mil años de evolución, la humanidad ha pasado de ser muchas tribus desligadas a formar una vasta familia interrelacionada. Ahora, cuando nos encontramos en el umbral del siglo XXI, tenemos la oportunidad de mejorar la calidad de vida de cada uno de los miembros de esta familia global.

Si miras como estábamos hace mil años, verás cuánto hemos evolucionado. Podemos mirar hacia el horizonte del futuro y vislumbrar el alba de la paz planetaria. Podemos esperar que nuestros descendientes miren atrás en el año 3000 y digan: «Hemos creado una Tierra divina. Gracias a nuestros esfuerzos en los últimos mil años, ahora podemos disfrutar de una vida larga y saludable, ensalzando y celebrando la diversidad de la vida». Con esta visión del futuro guiándonos, nuestra tarea actual es explorar y practicar maneras de vivir que contribuyan *ahora* a una mayor armonía en nuestro mundo.

El Feng Shui —el estudio de la conexión entre las fuerzas de la naturaleza visibles y ocultas— nos da tres importantes pautas sobre cómo contribuir, de manera positiva, a esta visión. La primera pauta es practicar la simplicidad, vivir con las posesiones que verdaderamente necesitamos y que nos proporcionan alegría y prescindir del resto. Al hacer esto, compartimos la riqueza y ayudamos a equilibrar la oferta y la demanda. Al concentrarnos en la calidad, y no en la cantidad, nuestras posesiones se convierten en Afirmaciones Medioambientales que apoyan y aumentan la salud, la felicidad y la prosperidad.

La segunda pauta del Feng Shui es practicar el establecimiento de relaciones, afirmar nuestra conexión con todas las personas y todas las cosas del planeta creando relaciones positivas y enriquecedoras con nosotros mismos, con nuestros vecinos y con toda la comunidad. Amarnos a nosotros mismos y amar a los demás contribuye a la salud y el bienestar generales de nuestra familia global.

La tercera pauta del Feng Shui es abrirnos a los cambios. Los cambios nos conducen a expresiones mayores de la vida, incluyendo la creación de comunidades respetuosas con el medio ambiente y pacíficas, donde se respete a todas las especies y su hogar. Pregúntate: «¿Cómo puedo cambiar para mejorar? ¿Cómo puedo simplificar mi vida y servir a mi comunidad? ¿Necesito solucionar algún problema o ser más afectuoso, indulgente y agradecido por la vida que vivo en este hermoso planeta?».

El nuevo milenio nos invita a mirar hacia dentro y a desarrollar los rasgos de carácter y personalidad que dan armonía a un lugar para vivir. Este foco interno ya está en marcha. A muchos ya nos atraen más las cualidades internas que las apariencias externas. Algún día, todos practicaremos la simplicidad, cultivaremos relaciones llenas de amor y celebraremos los cambios, mientras aspiramos al desarrollo de cualidades internas como la creatividad, la compasión, el perdón, la generosidad y la gratitud.

¡Mientras entramos en el nuevo milenio, acepta tu papel en la creación de una familia global generosa, pacífica y próspera!

✿   ✿   ✿

❀   ❀   ❀

*Mejoramos ahora la calidad de la vida para
todos los miembros de nuestra familia global.*

*Vivimos sólo con las cosas que hacen cantar
a nuestro corazón.*

*Damos la bienvenida a los cambios
y celebramos la diversidad de la vida.*

❀   ❀   ❀

❋ ❋ ❋

*Simplificamos nuestra vida y servimos
a nuestra comunidad.*

*Elegimos vivir en un mundo generoso, próspero,
feliz, saludable y lleno de amor.*

*Vislumbramos el amanecer de la paz planetaria
y comenzamos a crear una Tierra paradisiaca.*

❋ ❋ ❋

Tom Costa y yo somos compañeros de viaje.
Nos conocimos, hace muchos años, en el
aeropuerto de Los Ángeles, camino de Hong
Kong. Pasamos juntos casi todo el viaje y nos
hicimos rápidamente amigos. Este año volamos
a Moscú y compartimos dos semanas en un
crucero por el Volga hasta San Petersburgo.
Allí adonde va, Tom es recibido con amor.
En las ocasiones en que visito su iglesia,
salgo encantada de ver lo querido que es.
Los miembros de su congregación le adoran,
y yo también.

Louise L. Hay

7

Falsas Evidencias
que Afectan a la Realidad

Tom Costa

Me gusta utilizar siglas cuando escribo. Para mí la palabra *fear* [«miedo» en inglés] es una sigla que significa «falsas evidencias que afectan a la realidad». No me cabe la menor duda de que muchas empresas tendrán que hacer algunos ajustes en sus sistemas informáticos. Sin embargo, la misma Mente que creó el ordenador es la que puede resolver los problemas y reajustar, reorganizar y volver a calcular la información. La Realidad (con «R» mayúscula por ser una creación de Dios) puede, desde luego, solucionar la realidad (con «r» minúscula) que creamos los seres humanos.

Una de mis afirmaciones espirituales favoritas, que funciona no sólo en el mundo informático sino también en cada problema que se me presenta, me ha ayudado en tiempos en los que he necesitado hacer una revaluación de cada área de mi vida. Las únicas veces que realmente tengo problemas es cuando me olvido de esta afirmación de la verdad.

La afirmación es:

¡ME INTERESA MUCHO VER CÓMO

MI MENTE SOLUCIONA ESTO!

La palabra ESTO de la frase anterior representa cualquier problema del universo con el que me enfrento. Cuando dejo que mi mente solucione los problemas de una manera en que yo no sé hacerlo, comienzan a aparecer respuestas memorables como «llovidas del cielo».

Al comprender esa afirmación, soy capaz de ser más objetivo, de quedarme a un lado y dejar que la Mente Única, este gran desconocido que llamamos Dios, solucione los problemas. Como dijo Emerson: «Tenemos que quitar de en medio nuestra envanecida insignificancia». Es otra manera de decir: «Déjalo estar y permite que Dios se encargue de los detalles». ¿Cuánto tiempo maravilloso malgastaremos pensando en los problemas que pueden ocurrir en el nuevo milenio? Si realmente se trata de un período de tiempo nuevo, entonces la respuesta a los errores también será nueva. La Mente de Dios ya conoce esa respuesta. Y cuando se conoce la respuesta, ésta siempre es simple.

Como soy realista, no dudo de que haya que hacer algo, pero al mismo tiempo creo que *se hará* en el momento exacto y de la manera adecuada, es decir, de una manera perfecta, divina y magnífica.

Yo planteo esta pregunta: ¿*Hay algo que la Mente, Dios, no pueda hacer?* Personalmente no se me ocurre nada. Los únicos momentos en que mi vida se complica es cuando me olvido de esa Verdad.

❁   ❁   ❁

La Mente que nos ha creado es la misma que nos conducirá al nuevo milenio.

La Inteligencia del Universo ve claramente nuestras intenciones.

Las respuestas memorables caen llovidas del cielo.

Existen nuevas soluciones para las nuevas preguntas.

Disfrutamos del nuevo y feliz milenio.

❁   ❁   ❁

*Siempre me ha impresionado mucho Shakti
Gawain. Su libro* Visualización creativa *fue
todo un acontecimiento y creó las bases para
gran parte del bien en el mundo. También
admiro mucho la manera que tiene Shakti de
disfrutar de su trabajo y su ocio, que yo
también comparto. Ella y su marido, Jim, tienen
su hogar en Hawai, se ocupan con éxito de su
negocio y se permiten los maravillosos placeres
que ofrecen las islas.*

Louise L. Hay

8

El camino de la transformación: cómo nuestra propia curación puede cambiar el mundo.

Shakti Gawain

Mientras nos acercamos rápidamente al nuevo milenio, la vida de nuestro planeta parece intensificarse. La mayoría de nosotros nos enfrentamos con desafiantes problemas personales, en el trabajo, en las relaciones y la familia, en la economía y la salud. No estamos seguros de cuál es la mejor manera de responder a esos desafíos. Nuestra manera tradicional de vivir, trabajar y relacionarnos con los demás y con nuestro entorno parece que ya no funciona muy bien; sin embargo, tenemos pocos modelos de maneras nuevas y efectivas.

Más abrumadores incluso son los problemas con los que se enfrenta la humanidad globalmente. En el ámbito planetario, las cosas van de mal en peor. No entendemos por qué hay tanto dolor, tanto sufrimiento y tanta lucha en todo el mundo. La mayoría de la gente no tiene ni idea de lo que puede hacer para ayudar, y por eso hace muy poco o no hace nada.

A los desafíos de hoy sólo podemos responder de una manera tajante y efectiva si se produce un cambio de conciencia, algo que de hecho ya está en marcha en todo el mundo. Tenemos que darnos cuenta, en lo más profundo de nuestra alma, que formamos parte de un todo, que cada uno de nosotros, individualmente, tiene un poderoso impacto sobre todos los demás. Al comprometernos a emprender nuestro propio viaje hacia la conciencia, adoptamos realmente un papel significativo en la transformación del mundo.

La mayoría de las personas que lean este libro estarán de acuerdo en que ha llegado el momento de una transformación profunda de nuestra vida y del mundo. De hecho, esta transformación ya ha comenzado. Pero surgen preguntas: «¿Qué podemos hacer para contribuir a ese proceso? ¿Cómo podemos desempeñar nuestro papel, como individuos, para asegurarnos de que va en una dirección positiva? ¿Cómo podemos provocar cambios auténticos en nuestra vida personal y en el mundo?».

La respuesta simple a estas preguntas es ésta: *La manera más efectiva de cambiar el mundo es cambiar nuestra propia conciencia.* Esta cita se atribuye a Mohandas Gandhi, que también dijo esto: «*Tú debes ser el cambio que quieres ver en el mundo*». A medida que nos volvemos más conscientes en el ámbito individual, vemos el cambio reflejado en nuestra vida personal. Las viejas pautas y los viejos problemas desaparecen gradualmente y hacemos frente a las nuevas dificultades y los nuevos desafíos con una perspectiva más amplia y una mayor sabiduría. La vida se vuelve más equilibrada y más completa, y está más en armonía con el propósito del alma. Dado que cada uno de nosotros es una parte integrante de la conciencia colectiva, podemos tener un efecto poderoso pero sutil sobre ella, y viceversa. Como la proverbial piedra que es arrojada al fondo de un apacible estanque, los cambios de conciencia que hacemos en nuestra vida personal causan diminutas pero importantes olas que ondulan sobre la superficie del todo.

Cuando nosotros, como individuos, aumentamos nuestra conciencia, la conciencia colectiva también se transforma. Cuando la conciencia colectiva cambia, arrastra a otros individuos que están aferrados a viejas pautas o que sencillamente no saben cómo actuar. Es decir que cuando una cierta cantidad de personas despiertan, todo el mundo comienza a despertar. Y mientras se expande la conciencia colectiva, las formas políticas, sociales y económicas del mundo responden a estos nuevos niveles de conciencia.

No lograremos cambiar nuestra vida y el mundo centrándonos exclusivamente en soluciones externas o siguiendo una senda espiritual tradicional en la que se minimizan o se niegan la realidad y la importancia del mundo físico. Más bien, tenemos que elegir una alternativa, que yo llamo «el camino de la transformación», en la que nos comprometamos a la integración de los aspectos humano y espiritual y aprendamos a vivir como seres humanos completos, equilibrados y satisfechos sobre la Tierra.

La vida humana se compone de cuatro niveles de existencia: espiritual, mental, emocional y físico. El camino de la transformación incluye la clarificación, la curación, el desarrollo y la integración de los cuatro niveles. Todos son igualmente importantes y no hay ninguno que podamos primar o descuidar si queremos experimentar la totalidad. Mientras hacemos eso, los cuatro niveles comienzan a equilibrarse de forma natural y se integran de una manera más completa los unos con los otros.

Podemos empezar el viaje hacia la conciencia en cualquiera de estos niveles, ya que cada persona sigue un camino único. Una vez empezado, podemos pasar de un nivel a otro en momentos diferentes; o podemos trabajar en dos, tres o cuatro niveles simultáneamente. Por lo general, sin embargo, da igual cómo empezamos el viaje hacia la conciencia o cómo avanzamos en él, porque hay cierto proceso evolutivo subyacente que se extiende de lo espiritual a lo físico. (Para saber más sobre el viaje hacia la totalidad, consulta mis libros *El camino de transformación* y *Los cuatro niveles de la curación*.)

Vamos a imaginar el futuro juntos

Me gustaría invitarte a imaginar el futuro. Te voy a pedir que cierres los ojos y te lo imagines. Presta una atención especial a tus fantasías más creativas. Si aparecen dudas y miedos, reconócelos y deja que se queden ahí también. Luego, concéntrate en desarrollar tu visión. No la limites en ningún sentido. Deja que se expanda todo lo que quieras.

Ponte en una posición cómoda y ten a mano papel y bolígrafo, lápices, un diario o cualquier otro utensilio que te resulte útil y fácil de conseguir. Cierra los ojos y respira varias veces de manera lenta y profunda. Permite que tu conciencia se mueva hacia un lugar tranquilo en el fondo de ti. Hazte esta pregunta: «¿Cuál es mi visión del futuro?».

Primero, centra la atención en imaginar tu propio futuro como más te gustaría que fuera. Si no estás seguro de cómo quieres que sea, déjate llevar por una fantasía, sabiendo que la podrás cambiar en cualquier momento. Imagina que la relación que tienes contigo mismo es lo más satisfactoria posible en los cuatro niveles. Imagina que todo en tu vida refleja el equilibrio y la armonía que hay dentro de tu ser: tus relaciones, tu trabajo, tu economía, tu vida en general y tu búsqueda creativa. Permítete triunfar en todos estos ámbitos, maravillosamente satisfactorios.

Ahora amplía el foco e imagina el futuro del mundo que te rodea: tu comunidad, tu país, la humanidad, el medio ambiente y nuestro planeta. Deja que todos estos ámbitos reflejen la integración y la totalidad que has encontrado dentro de ti. Imagina que el nuevo mundo emerge y se desarrolla de una manera expansiva, equilibrada y saludable. Deja realmente volar tu imaginación. Imagina el mundo como te gustaría que fuera: un paraíso sobre la Tierra.

Cuando sientas que has terminado, abre los ojos. Si lo deseas, escribe o dibuja tu visión. Gracias por acompañarme. Te bendigo.

✺   ✺   ✺

✺   ✺   ✺

Un cambio positivo de la conciencia ya está
en marcha en todo el mundo.

Mientras nos sanamos a nosotros mismos,
sanamos el planeta.

Nuestra vida se vuelve más equilibrada y más
plena y está más en armonía con el propósito
de nuestra alma.

Elegimos el camino de la transformación y
aprendemos a vivir como seres humanos
completos.

En este milenio viajamos hacia la plenitud.

El nuevo mundo emerge de una manera
expansiva, saludable y equilibrada.

✺   ✺   ✺

＊　＊　＊

*Me enamoré de esta hermosa mujer haitiana en
el instante en que la conocí en un seminario que
daba la doctora Christiane Northrup. Vi a
una mujer fuerte, despierta, vivaz y elocuente
que, además, también era médica. Cuanto más
conozco de esta fascinante mujer y de su vida,
mejores amigas nos hacemos. Carolle ama la
vida con pasión y transmite alegría allí adonde
va. Sus pacientes son personas privilegiadas
por el hecho de tenerla como médica. Es la
autora de* Menopause Made Easy *[La
menopausia fácil] y* Staying Healthy: 10 Easy
Steps for Women *[Estar sana: 10 pasos
fáciles para las mujeres].*

Louise L. Hay

＊　＊　＊

9

El nuevo milenio: una época mejor
para la humanidad

Carolle Jean-Murat

Se están haciendo muchas predicciones sobre la llegada del futuro milenio. Algunas personas pronostican situaciones extremas de colapso social, otras predicen cataclismos, y otras, por el contrario, vaticinan una nueva era dorada. Yo, en lugar de una predicción, lo que tengo es esperanza. El mundo será un lugar mejor porque las personas empiezan a estar más informadas. Están aprendiendo más cosas sobre la interconexión de todo y descubriendo cómo cada una de las facetas de la vida deja su huella y les afecta personalmente.

Un área que ha permanecido en las sombras durante generaciones es la salud de las mujeres, sobre todo los cambios que trae la menopausia en mitad de la vida. He observado que las mujeres que nacieron durante la explosión demográfica están consiguiendo lo que se merecen, reconociendo y capitalizando su poder único e individual. Se inclinan por relaciones más satisfactorias en todas las áreas de su vida. Específicamente, su punto de mira ha girado hacia el desarrollo de una calidad de vida que engendra un sentimiento más profundo de éxito y satisfacción. Desde el comienzo del movimiento feminista de los años sesenta, se han producido dos importantes tendencias: La primera es que las mujeres se han vuelto más activas en el cuidado de su salud mientras maduran, y la segunda, que las mujeres más mayores están transmitiendo el poder a la siguiente generación proporcionando apoyo y orientación a las mujeres más jóvenes. Es posible que un resultado de esas tendencias sea el aumento del número de personas que se presentan voluntarias para colaborar en actos benéficos. Entre 1987 y 1995, el número se ha duplicado.

Las mujeres están incidiendo en la simple necesidad de estar mejor informadas de aquello que realmente les importa y de los cambios en la vida impuestos por la menopausia. Quieren comprender y controlar los cambios físicos y hormonales que comienzan alrededor de los 40 y que implican modificaciones en el estilo de vida, la sexualidad, la dieta, el ejercicio y los enfoques terapéuticos. La vida se vuelve mucho más complicada debido a la edad, a este cambio importante en la mitad de la vida y al aumento de la posibilidad de padecer osteoporosis, enfermedades del corazón y varios ti-

pos de cáncer. Para agravar los problemas de este
período de la vida de una mujer, hay un montón
de información confusa y conflictiva y una falta
substancial de investigación.

Durante años, los fondos de investigación se
han reservado a los hombres, y los descubrimientos resultantes se han extrapolado a las mujeres.
El pensamiento predominante era que los cambios
hormonales de las mujeres «tergiversaban» los resultados de la investigación. Afortunadamente, el
nuevo milenio será testigo del primer gran avance
en la investigación de la salud de las mujeres y,
sobre todo, de las minorías. Esto se debe a las in-
vestigaciones realizadas por la Women's Health
Initiative [Iniciativa de Salud de las Mujeres], cu-
yos resultados serán publicados en el año 2005.
En consecuencia, la influencia de los factores ra-
ciales, culturales y económicos en la salud de las
mujeres postmenopáusicas quedará más claramente definida.

El siguiente paso de la Iniciativa de Salud de
las Mujeres será la difusión de sus descubrimientos. Uno de los medios que podrán utilizar las mujeres será Internet, donde podrán obtener fácilmente información y apoyo desde su casa, su
lugar de trabajo o cualquier librería pública. Dis-
pondrán de espacios de charla, clubes y sitios web
que les permitirán explorar con detenimiento los
parámetros y fases de este agitado período.

Otros factores importantes que requieren consideración son las diferentes tensiones ambientales con que se enfrentan cada día las mujeres de todo el mundo. En mi caso, habiendo nacido en Haití, me enfrenté a un buen número de grandes obstáculos, que ahora me doy cuenta de que eran desafíos que tuve que aceptar y que me ayudaron a convertirme en la persona que soy hoy. Para empezar, en mi país natal a las mujeres se las consideraba ciudadanas de segunda clase; por lo tanto, sus oportunidades eran escasas y exigían una enorme voluntad, una gran fuerza interior y mucha concentración. Ahora, Haití es la nación más pobre del hemisferio occidental. La pobreza allí es endémica. En resumen, mi país necesita ayuda de aquellos que entienden a sus habitantes, su cultura y sus potencialidades para el futuro, de personas que quieren «marcar una diferencia».

Al ejercer la medicina durante más de veinte años en Estados Unidos, he proporcionado atención médica y educación sobre la prevención de la salud a mujeres de diferentes orígenes. Además, durante más de una década he atendido gratuitamente, a través de las obras benéficas católicas, el Ejército de Salvación y la Aldea de S. Vicente de Paúl en San Diego, a mujeres que no recibían suficiente atención. A lo largo de toda mi carrera he intentado aliviar, elevar, apoyar, educar y hacer más poderosas a las mujeres de Estados Unidos.

Mi sueño para el milenio es hacer lo mismo por mis hermanos y hermanas de Haití. Un proyecto que he elegido es la creación de un centro al que he llamado «Centro para dar y aprender». Mi sueño es que este centro conste de una escuela primaria, una escuela vocacional para adultos jóvenes, una clínica para enfermos no hospitalizados, un hogar de convalecencia, un pequeño quirófano y, algún día, un hospital. Todos los niños y los adultos que entren por las puertas del centro recibirán los recursos que necesiten para desarrollar todo su potencial, y se les animará a volver para ayudar a otras personas. Me imagino a gente de todo el mundo juntándose para hacer realidad este sueño, no para mí, sino para el pueblo de Haití, los desvalidos y los niños del futuro siglo XXI.

Ha habido un cierto número de gente que ha dejado huella en mi vida. Sé que tengo el poder, las habilidades, la fuerza y la experiencia de vida necesarios para dar media vuelta y hacer lo mismo por otras personas. Se merecen todo lo que tengo por ofrecer. Como he dicho antes, muchas personas están esperando la llegada de una nueva era dorada. Yo sólo puedo decir que la vida es grandiosa ahora mismo. Tengo una carrera maravillosa y amigos increíbles y estoy atravesando el mejor momento de mi vida. Conocer a Louise L. Hay ha sido una gran bendición para mí. Ella ha sido muy importante para cientos de miles de personas con el ejemplo de su vida y de su amor. Es una mujer con una profunda humanidad. Hacen falta muchas más mujeres de su calibre para dar un paso al frente y hacer que las cosas sean muy diferentes en este mundo. Juntos entraremos en el futuro milenio, sabiendo que el mundo será un lugar mejor para toda la humanidad, donde todos, unidos de corazón, avanzaremos paso a paso fortaleciendo cada uno de los días de nuestra vida con el poder de nuestras convicciones. ¡No tenemos ningún sitio adonde ir excepto hacia delante! ¡Allá vamos, año 2000!

❀   ❀   ❀

Carolle Jean-Murat

❀   ❀   ❀

Creamos un mundo lleno de éxito personal
y de alegría.

El nuevo milenio traerá un gran adelanto
para la salud de las mujeres.

Imaginamos a las personas de todo el mundo
unidas en paz.

El mundo merece todo lo que tenemos
por ofrecer.

¡La vida es grandiosa ahora mismo!

El mundo se convierte en un lugar mejor
para toda la humanidad.

❀   ❀   ❀

Cuando llega el momento y el estudiante está preparado, aparece el maestro. Conocer a Bill Levacy fue obra del destino. He aprendido tantas cosas de él... De hecho, fue la motivación principal que puso en marcha este libro. Le hablé de mi preocupación por los pregoneros del miedo al milenio y me contestó que muchos de sus clientes miraban con aprensión el comienzo del siglo XXI. En mi opinión, es uno de los mejores astrólogos que he conocido nunca. Antes de conocer a Bill, yo ni siquiera había oído hablar de la astrología védica. Ahora me sorprende constantemente lo exactas que son sus predicciones en mi caso. A veces, dice algo en broma y resulta que acierta.

Louise L. Hay

10

La trampa del milenio

William R. Levacy

Mientras entramos en la recta final hacia el próximo milenio, vemos a los medios de comunicación saturados con los puntos de vista de un grupo de individuos pequeño pero ruidoso. Estos «milenaristas» han aprendido muy bien cómo manipular y dirigir la conciencia de las personas crédulas hasta una situación de histerismo y extremismo. Estos individuos y grupos se han hecho expertos en fabricar pesimismo y comunicar exageración. Se ha dedicado una desmesurada cantidad de tiempo a estos mensajes alarmistas, en vez de a los mensajes que alertan, dan poder y elevan los sentimientos de la población con respecto al milenio que se avecina. Dios bendiga a esas personas, pero no son amables con los tiempos que vivimos y hacen que mucha gente tenga una relación con el futuro insana y llena de temor. Yo mantengo que es todavía popular y útil tener esperanza, y la mayoría de los vaticinadores negativos, si están dispuestos a ser sinceros, en el siglo XXI se sentirán incómodos (si no se ríen) por lo que dijeron en el siglo XX.

Antes de ir demasiado lejos, me gustaría decir que estoy metido en el «arte» de predecir desde 1982, cuando comencé a estudiar astrología védica, la ciencia del comportamiento y del tiempo desarrollada en la antigua India. Hay quien dice que el *Jyotish*, como también se conoce este estilo de astrología, data de hace unos 6.000 años más o menos, aunque la transmisión oral se remonta, probablemente, a varios miles de años más. Uno de los sabios de la astrología védica, Maharishi Parashara, reveló muchas técnicas para reconocer las fuerzas de la naturaleza que sustentan la vida y trabajar con ellas.

Como astrólogo, mirando hacia el futuro, veo el momento adecuado para la creación de un nuevo orden de cosas. La conjunción sideral de Saturno y Júpiter en Aries, el 28 de mayo del año 2000, puede llegar a eliminar muchas de las actividades negativas en países de todo el mundo. Deberíamos contemplar un nivel más elevado de orden y justicia. Este acontecimiento astrológico promete señalar una etapa de restablecimiento más que de destrucción. Debería prevalecer un nuevo equilibrio legislativo y acontecer una transformación de la estructura social globalmente beneficiosa.

Júpiter y Saturno no son impulsivos; son proveedores de la legitimidad. En los próximos años, los indicadores astrológicos más belicosos, como por ejemplo Marte y el nodo norte de la Luna (llamado *Rahu* en sánscrito), no se encontrarán en una posición dominante que encamine los tiempos hacia ningún gran problema. Es posible que las naciones del mundo sigan con rivalidades y disputas entre hermanos y vecinos mientras trabajan para resolver las diferencias locales, como en cualquier era, pero no hasta un grado global y devastador.

La última vez que Saturno y Júpiter estuvieron estrechamente unidos, en este caso en oposición, fuimos testigos de la caída del Muro de Berlín y del final del comunismo soviético y la Guerra Fría, una situación que nadie se podía imaginar en aquel momento. Otro signo que los alarmistas han tomados como señal de pesimismo es la conjunción sideral multiplanetaria que tendrá lugar en Aries aproximadamente la mañana del 5 de mayo del 2000. Hemos tenido conjunciones multiplanetarias como ésta antes, por ejemplo la del 6 de febrero de 1962, y todavía seguimos aquí. Esta conjunción de mayo del 2000 puede generar una chispa crepitante que aumente las energías del mundo. Yo propongo que percibamos esta fuerza como un impulso para que los sectores oscuros, poco activos y desatendidos de la economía mundial marchen hacia delante con una luz y un vigor renovados. Es posible que se produzcan avances médicos y tecnológicos en ese momento —la activa maquinaria de la invención, la renovación y los esfuerzos humanitarios—, en lugar de avances bélicos.

El establecimiento de este nuevo orden en el siglo XXI, sin garantías de que sea un camino de rosas, no tiene por qué verse asociado con escenarios de catástrofes, como sugieren algunos astrólogos y otros pronosticadores. No existe suficiente masa negativa en nuestro pasado reciente que pueda generar el enorme grado de conflicto que se vivió desde la primera década hasta la mitad del siglo XX. De hecho, creo que ya hemos visto muchas de las tensiones reprimidas difundidas por el mundo, en acontecimientos recientes como la guerra del Golfo, los problemas de Yugoslavia, el huracán de Northridge (California), el huracán Mitch, los incendios de Malibú (California), la ola de frío al noroeste de Estados Unidos, etcétera. No quedan suficientes restos colaterales para el despliegue con éxito de un futuro cataclísmico, perpetuamente sombrío. Deberíamos escuchar a los heraldos de la paz, y no hacer caso de la lata que nos dan y las tonterías que dicen personas agotadas o presas del pánico.

También es importante mencionar que la filosofía védica habla de *Yugas*, o grandes épocas de tiempo, cuyo final culmina en la disolución y el establecimiento de una nueva era. Según la teoría de las *Yugas*, nos quedan 427.000 años antes de cualquier posible corrección importante. Podemos borrar la aniquilación del cuadro del nuevo siglo, por muy popular que sea entre ciertos grupos, deseosos de morir. Sin embargo, la Nueva Era y la actual *Yuga* exigen un estilo de vigilancia, recursos y autenticidad que no excede la voluntad y la capacidad de los principales afectados por las circunstancias del siglo XXI. Además, dentro de aproximadamente 400 años el equinoccio de primavera tendrá lugar en el signo sideral de Acuario, y ese será un período de tiempo inventivo y lleno de ímpetu en los terrenos de la filosofía y la tecnología. El barco que nos lleva al nuevo milenio no necesita navegar hacia mares agitados, esquivando monstruos de hielo. Avanza ligero por las nuevas y cálidas aguas, capitaneado por diestros, enérgicos y vigilantes marineros y marineras que tienen los ojos puestos en las estrellas.

Me gustaría remarcar que el futuro será tan bueno como queramos que sea. Se me ocurre una vieja broma que me parece apropiada: «El futuro ya no es lo que era». Hemos visto que los fundamentos que guiaron a la última generación no son tan efectivos en el entorno actual. Tenemos a la mayoría de los que nacieron durante la explosión demográfica esperando un futuro prometedor para sí mismos (y consiguiéndolo) y prestando menos atención al lado negativo. Están cambiando muchas de las antiguas pautas de pensamiento. Para consternación de quienes defienden esos viejos conceptos, nos despedimos sin esfuerzo de ellos por considerarlos menos evolucionados. Domina el pensamiento fresco, ilimitado y todavía tierno de las mentes más jóvenes de hoy, y comienza a tomar forma en el futuro.

Mientras entramos en el nuevo milenio, tenemos que permanecer alertas a la sabiduría de nuestros predecesores, y hemos de ser cuidadosos y darnos cuenta de que el *futuro* no es el *pasado*. Por eso son dos palabras diferentes. El pasado es el pasado y el futuro es el futuro. No debemos permitir que personas infelices o desesperadas, sea cual sea su nivel en la sociedad, nos alarmen con sus proyecciones negativas. Debemos darnos cuenta también de que las profecías sobre el juicio final que oigamos están contaminadas por muchas cuestiones personales y proceden de personas que, tal vez, están cansadas de luchar y tienen miedo de sí mismas.

Últimamente, el «negocio» de la sabiduría está muy concurrido, lleno de consejeros, ministros, médiums, astrólogos y otros futuristas. El ruido es noticia, y por eso, cuanto más agresivos, por no decir irresponsables, son los jugadores en el campo del conocimiento, más buscan la manera de sobresalir entre los atestados púlpitos de sus semejantes.

Incluso astrólogos y pronosticadores que gozan de cierto renombre al haber demostrado sus habilidades adivinatorias, harían mejor en mostrar respeto por el futuro y renunciar a dar crédito a algunos desastres anticipados en nombre del bienestar general. Como mínimo, la gente ayuda más cuando habla de los problemas en función de las soluciones. Los mejores astrólogos guían a las personas hacia su destino más elevado, les informan pero no los asustan. Creo, por ejemplo, que el «problema» del efecto 2000 en los ordenadores es real hasta cierto punto, pero no hasta los niveles desastrosos de los que hablan los vendedores de programas informáticos y equipos de supervivencia, eso sin mencionar la investigación escasa y muy limitada ofrecida como base de algunas teorías religiosas y filosóficas extremistas. Todos hemos oído hablar de las falsas esperanzas. A mí me gustaría contestar a esto, para ser justo, que también hay falsas desesperanzas.

En mi experiencia como astrólogo, encuentro que esas personas negativas sufren proyecciones pesimistas y no pueden quitarse esos pensamientos de la cabeza. Están demasiado apegadas a sus planes y objetivos. Son individuos que, generalmente, necesitan desarrollar la habilidad de aceptar los obstáculos naturales y encontrar soluciones más apropiadas. He podido comprobar que un 90 por ciento de las preocupaciones de las personas nerviosas no llegan a suceder, y que son lo bastante capaces de manejar el 10 por ciento restante. Deberían dejar de asustarse a sí mismas y dejar de asustar a los que se asustan con facilidad.

Tenemos que identificarnos como los brillantes, inteligentes, llenos de recursos y esperanzados suscriptores al nuevo milenio. Yo creo que Dios no es un bromista y que nos ha dado a todos la voluntad y la capacidad necesarias para elegir un buen futuro. Tenemos que obligar a los negativistas a poner las cartas sobre la mesa. Han sobrepasado el límite al proyectar un futuro preocupante y han agotado su tiempo en los medios de difusión.

Yo animo a todo el mundo para que respondamos con voz cordial y positiva a la llamada del próximo milenio y preparemos el escenario para los buenos y numerosos años que se avecinan. Aumentemos y mantengamos nuestra competencia a través de la educación, puesto que el futuro requerirá más aprendizaje. Rediseñemos nuestro corazón y aprendamos a meditar para estar tranquilos. Busquemos la compañía de gente alegre. Utilicemos herramientas como la astrología para ayudarnos a superar los problemas que se presenten. Comamos verduras. Portémonos bien con nuestros amigos. Aprendamos a amar y a emprender acciones. Seamos felices en nuestro trabajo y permanezcamos cerca del camino natural de las cosas. Saltemos de alegría. Por encima de todo, transmitamos señales positivas al futuro y estrechemos la conexión entre lo que es bueno hoy y todo lo bueno que está por venir. ¡El futuro nos necesita!

❀　❀　❀

*Existe una nueva energía positiva
para el siglo XXI.*

Escuchemos a los heraldos de la paz.

El optimismo se vuelve popular.

*El barco del nuevo milenio navega por
aguas tranquilas.*

*Se están transformando las viejas pautas
de pensamiento.*

*Somos muy capaces de manejar
cada día que pasa.*

*Elegimos un futuro prometedor
para todos nosotros.*

❀　❀　❀

Conocí a la Dra. Christiane Northrup a
través de su libro Guía de salud para la
mujer. Lo leí todo, las 700 páginas o más, en
dos días. La excitación que sentí mientras leía
este libro era difícil de contener. Nunca antes
había tocado nadie el tema de la salud de las
mujeres de esa manera. Empecé recomendando
el libro a mis amigos, a todas las personas que
conocía y a los asistentes a mis conferencias.
Cuando conocí a Chris en persona, me encantó
la experiencia de disfrutar de su maravilloso
sentido del humor. Los dos años que pasamos
juntas participando en los «seminarios para
aumentar el poder de las mujeres» fueron una
delicia y un placer. Siempre que nos
encontramos, aprendo algo de ella. Sin lugar a
dudas, se ha convertido en mi consejera.

Louise L. Hay

11

Despedida del siglo XX: preparación para disfrutar del nuevo milenio

Christiane Northrup

Con el fallo informático conocido como «efecto 2000» perfilándose en el horizonte a medida que se acerca el siglo XXI, todos nos enfrentaremos a lo que, en mi opinión, será la elección más significativa de nuestra vida: quedar atrapados en las pautas disfuncionales del miedo y las limitaciones que aprendimos en la niñez, miedos simbolizados por la ansiedad del efecto 2000, o ir hacia delante, hacia la energía ilimitada de la libertad, el crecimiento y la alegría, que tenemos a nuestro alcance más que nunca.

Me excita la llegada del nuevo milenio y presiento, de manera intuitiva, que nos hará entrar en una era en la que una proporción muy significativa de la población aprenderá a aplicar las leyes del universo a su vida cotidiana, haciendo que la vida sea más divertida, creativa, abundante y llena de alegría que nunca. Dos ejemplos de las leyes del universo son la ley de la atracción, que dice que los similares se atraen, y la ley de la abundancia, que afirma que hay más que suficiente para todos.

La ley de la atracción nos enseña que lo que atraemos a nuestra vida está en concordancia con la clase de energía que ponemos en ello. Todo lo que nos rodea y las personas que hay en nuestra vida son un reflejo directo de nuestras creencias. Si miras a tu alrededor y te gusta lo que ves, es muy probable que hayas aprendido a conectar con esa ley conscientemente. Sin embargo, si no te gusta lo que ves, tienes el poder de transformar tu vida, cambiando tus creencias poco a poco. La ley de la abundancia afirma que el universo es un lugar de ilimitada abundancia. Para participar de un modo consciente en la verdad de esta ley, necesitas sentirte totalmente merecedor de recibir la abundancia a todos los niveles. Según tus circunstancias, es posible que te lleve algún tiempo dejar que entre en tu vida un sentimiento más profundo de tu propio merecimiento.

Si en este momento no trabajas conscientemente con las leyes del universo, el próximo milenio te brindará más oportunidades que nunca para hacerlo. ¿Por qué? Porque igual que la luz se vuelve más luminosa, la oscuridad se vuelve más sombría. Esto significa que te resultará mucho más difícil aferrarte a cualquier tipo de pautas del pasado que no te permitan convertirte en todo lo que eres si (y este es un «si» muy importante) alguna parte de ti afirma creer en el papel fundamental de la conciencia, en la relación cuerpo-mente o en cualquier otro ejemplo del vínculo entre la conciencia y la materia. (Si no creyeras en esa conexión, seguramente no estarías leyendo esto. Si tu madre no cree en ello, no te molestes en dejarle el libro. Lo más probable es que no consigas nada, excepto irritarla.)

La doctora intuitiva Caroline Myss nos enseña que el grado en que somos vulnerables a la enfermedad depende, en gran medida, de la diferencia entre lo que decimos que creemos y cómo vivimos realmente nuestra vida. Así, por ejemplo, si afirmas que crees en la relación cuerpo-mente, pero luego no te responsabilizas de tu próxima enfermedad diciendo que «simplemente ha pasado» o que «has pillado algo», entonces no eres consecuente y estás enviando mensajes contradictorios a las células de tu cuerpo y al universo. Las creencias conflictivas producen mensajes confusos y, por lo tanto, resultados confusos. Pero no temas, porque la energía de acabamiento y nuevos comienzos que trae consigo el nuevo milenio sacará esas pautas a la superficie para sanarlas.

Mientras que muchos de nosotros estamos expulsando la ambivalencia que llevamos dentro, hay y seguirá habiendo individuos relativamente

sanos con una vida y unas creencias consecuentes
que ni siquiera pretenden creer en la ley universal, los efectos de la conciencia o la relación cuerpo-mente. Si alguien, por ejemplo, tiene 80 años,
está en líneas generales contento con su vida, vive
rodeado de personas que piensan como él y no ha
sentido la necesidad de poner al día sus creencias
o su vida desde 1950, entonces tiene muchas pro-
babilidades de sufrir mucho. ¡Todos conocemos a
gente como él, que empezaron a fumar a los 13
años, beben algunas copas todas las noches, están
encantados con su vida y creen, sinceramente, que
el tabaco y una copa diaria de coñac son una parte
importante y esencial de su régimen para mantener
la salud! Y, para ellos, funciona bastante bien.

Globalmente, la llegada del nuevo milenio
encontrará, cada vez más, al mundo dividido en
tres grupos:

El grupo A está formado por las personas
que tienen una conciencia desarrollada, que verán
cómo su vida mejora más y más (es posible que
empeore durante algún tiempo antes de empezar a
mejorar).

El grupo B está constituido por individuos
con los pies bien plantados en la tierra, y que la
única ley universal que reconocen es la de la gravedad. Creen también que la Divinidad es una
fuerza exterior a ellos. Este grupo está formado
por supervivientes que están sinceramente con-

vencidos de que el próximo milenio los confinará dentro de un campamento armado en algún lugar remoto.

El grupo C es, quizá, el más numeroso. Es el grupo intermedio entre los otros dos, formado por personas por lo general indecisas, pero más o menos abiertas a la idea de que tiene que haber algo más que la gravedad y un Dios vengativo dirigiendo el planeta. Los individuos de este grupo oscilarán entre creer que la conciencia crea la realidad y sentirse víctimas del universo. Algunos acabarán uniéndose al grupo A y otros se pasarán al grupo B, si el miedo supera a su fe.

Las diferentes conciencias que representan estos tres grupos no eran ni mucho menos tan marcadas si retrocedemos a 1950, aunque estaban presentes. Sin embargo, ahora el tiempo avanza más rápido que entonces. Es casi imposible quedarse en un sitio mucho tiempo. Fíjate que nuestros padres sólo se casaban una vez y vivían mucho más tiempo en un mismo sitio. Y también, por lo general, tenían el mismo trabajo toda la vida. Ahora, la gente tiene dos o tres carreras, cambia de ciudad un promedio de una vez cada cinco años, y se casa dos o más veces en el curso de su vida. Hoy, comparado con hace 20 años, lleva mucho menos tiempo a nuestros pensamientos manifestarse como realidad física que en los años 50. El maestro espiritual conocido como Abraham dice que sólo se necesitan 17 segundos de pensamiento puro ininterrumpido sobre una persona para provocar una manifestación física, mientras que hace 20 años se necesitaba bastante más tiempo. Los efectos de nuestros pensamientos en la materia y en los acontecimientos de nuestra vida son más fáciles de ver que nunca, y eso continuará siendo así.

El año 1999 empezó con la extraña circunstancia de dos lunas llenas en enero, un acontecimiento «muy singular» que no volverá a ocurrir hasta dentro de más de 30 años. Las lunas llenas representan el inconsciente e iluminan los lados oscuros de nuestra vida y nuestra personalidad. Por eso 1999 empezó con dos lunas llenas, el doble de la oportunidad celestial usual para identificar y limpiar cualquier pauta de comportamiento que no sirva a nuestros mejores y más elevados propósitos. Un siglo entero, que incluyó dos guerras mundiales, se acerca ahora al final, y las personas que nacieron durante la explosión demográfica —ese sector de la población que creció con más seguridad y riqueza que ninguna generación anterior— entran ahora en la mitad de su vida y ocupan posiciones de poder y autoridad con una conciencia más abierta y espiritualmente más despierta. Nada volverá a ser lo mismo, de modo que prepárate.

Como aligerar tu carga para el nuevo milenio

Esta es la mejor manera que conozco de hacer que el universo te ayude a librarte de la basura que arrastra tu vida personal y profesional con el fin de que estés realmente preparado para dejar entrar la importante cantidad de luz que se nos avecina y disfrutar de ella:

1. *Utiliza el increíble poder de la atención concentrada.* La atención concentrada es, sencillamente, mantener un pensamiento y la emoción asociada con él de forma bastante regular y constante hasta que empieces a ver cómo se manifiesta en tu vida. En verdad, no son nuestros pensamientos lo que crea nuestra realidad, sino las vibraciones y emociones que hay detrás de ellos. Escribe lo que quieres con el mayor detalle posible. Perfecciona la lista, por lo menos trimestralmente. El acto de escribir crea un foco mayor que ayuda a la manifestación del proceso.

Aquí tienes un ejemplo. Una de mis pacientes, a quien llamaré Eleanor, lleva años trabajando en su matrimonio. Al final, desesperada, decidió dejar de concentrarse en intentar cambiar a su marido. En su lugar, escribió todas las características que buscaba en una relación y las dividió en categorías como:

compañerismo, emociones, relaciones con los hijos, dinero, aspecto físico, etcétera. Entonces, las pronunció en voz alta para el universo en general, y también se las comunicó a sus amigas. Así comenzó el proceso de transmitir sus intenciones al universo. Eleanor se entusiasmó mucho con ese proceso. Era liberador y divertido. Al expresar lo que quería sentir en una relación e incluir los detalles de todo lo que se le ocurría, enviaba una poderosa vibración al universo con la esperanza de que le trajera de vuelta lo que buscaba.

Puedes hacer lo mismo en cualquier área de tu vida: un negocio, una casa, un coche o lo que sea.

2. *Deja que te ayude el universo.* Una vez que hayas comunicado tu intención al universo, tienes que quitarte de en medio y dejar que la ley universal se ponga en marcha y te ayude. Y, ¿sabes qué? No podrás controlar cómo ocurra. Míralo de esta manera. Dios cuenta con una plantilla enorme, y nadie de ella espera obtener beneficios. Te ayudarán, pero primero tienes que pedírselo y después dejar que venga lo que has pedido.

He llegado a comprobar que nuestras oraciones siempre son respondidas. Lo que pasa es que nuestro ego a menudo no llega a darse cuenta de ello hasta mucho más tarde, una vez que el polvo se ha posado. Después de que Eleanor escribió su lista de metas, las guardó dentro de su diario y, simplemente, las leía una vez a la semana.

3.   *Prepárate para el crecimiento, el cambio y quizá algo de dolor.* Caroline Myss dijo una vez: «Para un ángel, acabar con un matrimonio es como pasar un día en la playa o como una jornada de trabajo». Lo que quería decir con esta frase es que, muchas veces, el primer paso para conseguir lo que realmente queremos pone en marcha el doloroso proceso de perder lo que ya no nos sirve. El dolor es casi inevitable cuando perdemos algo e invertimos cantidades significativas de tiempo y energía en la esperanza de que las cosas salgan de forma diferente. Muchas veces también aspiramos a algo nuevo y mejor en nuestra vida, pero nos aferramos a las viejas pautas por miedo, por codicia o por una idea anticuada de cómo tiene que ser nuestra vida. Pero cuando nuestro intento de cambiar es lo bastante fuerte y lo tenemos claro, nuestro ser más elevado o los ángeles a menudo orquestarán las circunstancias que nos obligarán a abandonar aquello que se ha vuelto obsoleto.

Lo primero que le pasó a Eleanor como

resultado de sus claras intenciones fue que su matrimonio se acabó. Tuvo que pasar por el dolor y el llanto y superar el miedo a estar sola. Sin embargo, con el tiempo, llegó a ver que lo que le dolía perder no era la relación que tenía con su marido, sino la idea de lo que la relación podría haber sido «si él hubiera cambiado un poco y hubiera sido más feliz». Como muchos de nosotros, Eleanor tuvo que renunciar a una fantasía, y eso le costó más que renunciar a su matrimonio.

4.   *Comprende el antiguo adagio: «Dios mueve montañas; tú trae la pala».* El universo está ahí para ayudarnos, pero nosotros tenemos que hacer acto de presencia y cumplir con nuestra parte. Visualizo que voy a Boston unos días. Para llegar allí tengo que comprar un billete de avión o autocar, o subirme a mi coche y conducir. Eleanor tuvo que mover montañas obligándose a cumplimentar la gran cantidad de papeleo y documentación financiera que implica cualquier procedimiento legal. Me dijo que mientras lo vio como una meditación, no se sintió abrumada por el proceso.

5.   *Ten paciencia, sé vulnerable, pero no seas necio.* Cuando nos desprendemos de lo viejo

y comenzamos a imaginarnos la posibilidad de algo mejor, estamos en un estado intermedio vulnerable. Debemos permitirnos quedarnos donde estamos y aceptar nuestra vulnerabilidad como una oportunidad de vivir plenamente. Como escribe Pema Chödrön en su maravilloso y reconfortante libro *When Things Fall Apart* [Cuando las cosas se vienen abajo]: «La vida es una buena maestra y una buena amiga. Las cosas están siempre en transición; ojalá pudiéramos darnos cuenta de esto. Nada se resuelve nunca tal como lo soñamos. El estado intermedio, descentrado, es una situación ideal, una situación en la que no nos quedamos atrapados, en la que podemos abrir nuestro corazón y nuestra mente más allá del límite».

Si aprendemos ahora cómo avanzar hacia el dolor y la aflicción debidos a las inevitables pérdidas y transformaciones de la vida, y lo aceptamos con aquello que Pema Chödrön denomina una amabilidad incondicional, entonces tendremos realmente la oportunidad de ir hacia delante y cambiar. Sin embargo, si endurecemos nuestro corazón o nos paraliza el miedo, es probable que nos saboteemos a nosotros mismos volviendo atrás y aferrándonos a las pautas trilladas, pero obsoletas, de siempre. Eleanor podía haber calmado sus miedos intentando reemplazar a su marido por otro hombre. Pero si no hubiera esperado hasta estar curada, es probable que su nuevo hombre se hubiera parecido al que había dejado. Sin embargo, si Eleanor, tú y yo utilizamos los momentos de «ruptura» de manera sabia, los superaremos siendo más fuertes y estando más sanos que nunca. Este es el desafío y el regalo de este nuevo milenio.

✷ ✷ ✷

❀ ❀ ❀

Caminamos hacia la energía ilimitada
de la libertad y la alegría.

Aprendemos a aplicar las leyes del universo
en nuestra vida cotidiana.

La ley de la atracción trae sólo el bien
a nuestra vida.

Prosperamos a medida que cooperamos
con la ley de la abundancia.

Estamos dispuestos a dejar marchar aquello
que se ha vuelto obsoleto en nuestra vida.

Permitimos que la vida se convierta
en una meditación, y estamos en paz.

Nos preparamos para disfrutar
del nuevo milenio.

❀ ❀ ❀

La primera vez que tuve noticias de John Randolph Price fue en diciembre de 1986, cuando creó la «Meditación para la sanación mundial». El 31 de diciembre del mismo año, más de 500 millones de personas unieron sus conciencias para meditar por la paz y el amor. Yo tuve el privilegio de conocer a este hombre amable y divertido y a su querida esposa, Jan, y quedarme en su casa de Tejas. Fue un amor a primera vista. Los dos llevan mucho años repartiendo un poderoso mensaje de amor y sanación. Su habilidad para conmover el corazón de millones de personas y ayudarles a ponerse en contacto con su propia magnificencia es una contribución positiva a este mundo. Él es una inspiración para todos nosotros.

Louise L. Hay

12

Mi visión del año 2000

John Randolph Price

Mientras atravesamos el puente que nos llevará al año 2000, observo grandes cambios en las personas y los grupos que se preparan para el nuevo milenio. Algunos sólo ven un futuro positivo, una luz radiante que brilla en el horizonte, y se sienten llenos de amor y alegría a la espera de este momento especial de la historia. Otros no están tan seguros. Sienten cierta aprensión, que los empuja a examinar las prioridades de su vida, a tomar decisiones, a enfrentarse a los cambios lo mejor que pueden y a tratar de entrar en el próximo siglo lo menos traumatizados y con las mínimas cicatrices posibles.

Otros, sin embargo, tienen la percepción común de que nos internaremos en la oscuridad de tiempos terribles como preludio del enfrentamiento con el juicio de Dios. Los anuncios de los periódicos nos dicen cómo podemos estar preparados para el regreso de Jesús y la redención de su pueblo. Una cinta de vídeo preludia el fin del mundo, una repetición del año 999, cuando miles de personas se reunieron en Roma para esperar el gran final. Un culto apocalíptico planea actos violentos a finales de 1999 «para devolver a Jesús a la vida». Las cartas de los periódicos predicen la llegada de sufrimientos y tribulaciones relacionados con hambrunas y guerras. Y, por supuesto, en todas partes, desde los púlpitos hasta las salas de juntas, se habla del desastre del efecto 2000.

¿Quién tiene razón? Por «derecho de conciencia», la tiene todo el mundo. Cada cual experimentará lo que tiene en su mente y en su corazón, aquello en lo que cree sinceramente. No estoy diciendo que esas creencias vayan a convertirse en realidad exactamente tal como se guardan en la conciencia, sino que el miedo atraerá estados de miedo, el pensamiento catastrofista atraerá esa energía a la vida de las personas que lo tienen, y es posible que las profecías lanzadas por diferentes sectas religiosas tiendan a cumplirse por sí mismas y desencadenen situaciones provocadoras para el «momento final».

Incluso los que contienen la respiración mientras nos acercamos al 1 de enero del 2000, con una mentalidad almacenadora y de supervivencia, deseando lo mejor pero temiendo lo peor, van a sentir una paranoia mayor que se infiltra en su vida cotidiana. De una manera u otra, experimentarán los problemas de sus profecías.

¿Y los que piensan que las cosas irán incluso mejor en el año 2000? Se aplica el mismo principio. «Eres lo que piensas durante todo el día», dijo Emerson. Cuando nos instalamos en la verdad de que estamos en un universo lleno de amor donde existen todas las posiblidades buenas y perfectas, avanzamos hacia una frecuencia más elevada de la conciencia y mejores experiencias en la vida. Cuando nos concentramos en las cosas buenas que hay en este mundo, se multiplican los aspectos positivos de nuestra vida individual. *La energía sigue al pensamiento*. Aquello a lo que prestamos atención, sea positivo o negativo, crece. Lo que veamos ocurrirá. Tenemos una opción.

La opción que yo he elegido para el nuevo siglo es la de una gran alegría. Veo con anticipado deleite una reacción en cadena positiva en la conciencia colectiva de la humanidad, donde la paz aparece en todas las mentes, el amor fluye de todos los corazones, el perdón se instala en todas las almas y el entendimiento es el vínculo común. Sí, esas palabras provienen de la «Meditación para la sanación mundial», que comenzó el 31 de diciembre de 1986, cuando más de 500 millones de personas se unieron durante un momento para pensar en la paz, irradiar amor y liberar energía espiritual en bien de todos. Y ya sabes lo que pasó.

A los pocos meses, Gorbachov apresuró la apertura y reconstrucción de la Unión Soviética, convocó elecciones generales y se reunió con el presidente Reagan para prohibir las armas nucleares en Europa. Un año después, el Instituto Internacional de Investigación por la Paz de Estocolmo declaró que 1988 había sido un año de notable progreso hacia un mundo potencialmente más pacífico. Y en 1989 cayó el Muro de Berlín y Europa Oriental salió del frío y se unió a una nueva sociedad global.

Si muchos más millones de personas nos reunimos el 31 de diciembre de 1999 para concentrar nuestra luz en la cuenta atrás hacia el 2000, el resultado volverá a ser espectacular. El miedo al efecto 2000 se verá como una preocupación por nada, los profetas que predecían el fin del mundo se esconderán mientras millones de seguidores abandonarán sus grupos apocalípticos y los alarmistas verán cómo sus espacios en Internet caen en desuso. Con el tiempo, encontraremos un nuevo sentido de la libertad espiritual mientras las religiones establecen un espíritu de cooperación y se reconoce universalmente la idea de «la unidad a través de la diversidad». Habrá una nueva mezcla de ciencia y espíritu, que pondrá un gran énfasis en la sanación mental y emocional como camino para recuperar la salud. Florecerá la economía mundial, disminuirán los conflictos internacionales, y la liza política en Estados Unidos se concentrará en la solidaridad con el despuntar de una nueva conciencia, a la que todo el mundo responderá con optimismo y confianza.

Cuando Jan, mi esposa, visitó el otro mundo en el transcurso de una experiencia de muerte clínica temporal, vio crecer y expandirse la luz del planeta Tierra y supo, en su corazón, que nuestro mundo está siendo elevado a una vibración mayor y mejor. Y eso comienza con personas como tú y yo, que vemos las cosas correctamente, pensamos de manera positiva y sentimos alegría. Como dijo Benjamin Franklin: «No anticipes los problemas ni te preocupes por lo que pueda pasar. Ponte a la luz del sol».

Aquí tienes una meditación llena de afirmaciones positivas que te ayudará a permanecer a la luz del sol mientras avanzamos hacia el nuevo milenio:

Vuelvo la espalda a la pena y la tristeza, la angustia y la preocupación, el conflicto y el caos. Sé que vivo en un universo benévolo y que se me creó para vivir en la felicidad, la abundancia y la armonía.

Ahora elijo libremente vivir con amor, alegría y paz, aceptar la vida con una sonrisa, riendo y cantando, haciendo todas las cosas por el increíble gozo y el placer que siento al hacerlas.

Dejo la preocupación atrás, alejo
la ansiedad de mi vida y afirmo que
he desterrado el miedo de mi conciencia.
Estoy dispuesto a ser feliz
el resto de mi vida.

❀ ❀ ❀

John Randolph Price

❋　❋　❋

*Vemos una luz luminosa brillando
en el horizonte.*

*Este es un universo lleno de amor,
y todos somos amados.*

*Anticipamos un nuevo milenio
repleto de placer y alegría.*

*El amor y la comprensión
constituyen·nuestro vínculo
común.*

*Concentramos nuestra luz en el
año 2000.*

*Respondemos a la vida con
optimismo y confianza.*

❋　❋　❋

*La doctora Carol Ritberger es una mujer viva
y alegre. Su sonrisa irradia amor. Al cabo
de unos minutos de conocernos, las dos nos
sentimos como si fuéramos amigas desde hacía
mucho tiempo. En nuestra primera comida
juntas, nos reímos mucho viendo el lado
gracioso de cada situación. Cuesta un poco
acostumbrarse a su habilidad para darse cuenta
del cambio de aura de una persona y leer
prácticamente sus pensamientos,
pero resulta divertido.*

Louise L. Hay

13

El amanecer de la nueva luz

Carol Ritberger

Nos encontramos en el umbral de una época de cambio obligatorio. Tiene lugar un giro positivo importante, que está teniendo un fuerte impacto en nuestra vida. Hablamos de él e intentamos comprenderlo. Provoca cambios dinámicos en nuestro cuerpo físico y en el sistema de energía humano, y despierta una nueva fuerza energética dentro de cada uno de nosotros. Estamos cambiando a formas de luz que no son como las que hemos conocido hasta ahora, y nos estamos volviendo más vibrantes, más radiantes y más poderosos. Esta nueva fuerza energética transforma nuestra manera de pensar e ilumina toda una nueva dimensión de nuestro ser. Nos da codazos, nos empuja, nos lleva a aprender más sobre quiénes somos en realidad. Crea la necesidad de una intensa autoexploración y alimenta el deseo de una mejor comprensión de nosotros mismos. Su energía nos enseña a entrar en contacto con la parte más profunda de nuestro ser.

Esta fuerza energética nos anima a recordar que cada uno de nosotros tiene algo único para contribuir a la vida y nos enseña cómo podemos establecer contacto con esa divina esencia que es el espíritu. El espíritu es la parte infantil que tenemos todos, que nos recuerda que la vida está para disfrutar de ella, y que cada desafío que encontramos es una oportunidad de aprender más sobre nosotros mismos. El espíritu es el optimismo perpetuo que llena nuestra vida de alegría y crea la energía sanadora de la esperanza. A través de nuestro ser espiritual se hace posible el milagro de la verdadera curación.

Quizá uno de los aspectos más desafiantes de esta fuerza energética nueva y dinámica es que influye en nuestro pensamiento y afecta a nuestro comportamiento. Se nos recuerda que sólo nosotros somos los responsables de la dirección que toma nuestra vida y de nuestro bienestar físico. Se nos inspira a mirar más allá de lo obvio y de lo que nuestros cinco sentidos nos pueden ofrecer. Esta nueva fuerza energética nos está sensibilizando sobre la necesidad de desarrollar nuestro pensamiento de tal manera que nuestro proceso mental sea el mismo, pero la forma en que percibimos nuestra vida sufra un cambio radical. La conciencia, tal como la conocemos, se expande. Se nos guía para que dejemos de ver el mundo desde la perspectiva de la conciencia bidimensional (o incluso tridimensional), ya que nos limita e inhibe nuestro crecimiento. Estos estados de conciencia nos permiten vernos sólo progresando o retrocediendo, o ver las cosas desde el punto de vista de blanco o negro, bueno o malo. El resultado es un sentido de alienación acrecentado y un sentimiento de desconexión de nuestro ser más elevado.

La fuerza energética del milenio es la responsable de que surja una nueva manera de pensar, llamada «conciencia telecinética», que es el puente que nos permite el acceso a la realidad tetradimensional. En este estado de la realidad, no existe dualidad, sino sólo unicidad. No hay principio ni fin. La mente deja de estar restringida a una manera consciente o subconsciente de percibir, y funciona de un modo simultáneo y total. El uso de la intuición deja de ser un suceso ocasional para convertirse en un aspecto integrante de nuestras pautas de toma de decisiones. En este reino de la conciencia, las reglas son diferentes. Los límites del pensamiento ya no son lineales, sino geométricos, y sólo están formados por las elecciones que hacemos. El espacio y el tiempo, tal como los hemos conocido, ya no crean equilibrio, un equilibrio que es necesario para sanarnos y mantener nuestra buena salud en el nuevo mundo que se avecina.

Cuando dirigimos nuestra energía al reino de la realidad tetradimensional, entramos en lo que los antiguos llamaban «alta alquimia». Activamos nuestros chakras etéreos y se inicia una nueva fuente de luz y energía. Esta transformación alquímica acelera la expansión e integración de la intuición y crea una sensación de purificación espiritual y clarificación. Nuestra identidad no es ya una cuestión de lo que hacemos para ganarnos la vida, sino pautas energéticas de luz que reflejan nuestro ser Divino más elevado, nuestra autenticidad y nuestras intenciones. Las viejas pautas de pensamiento que nos han limitado e inhibido dejan de existir. Nuestra conciencia se intensifica, de tal manera que reconocemos las pautas de comportamiento que nos impiden alcanzar la abundancia que deseamos y merecemos. Comenzamos a reconstruir nuestra manera personal de pensar, que es la responsable de la creación del desequilibrio y la enfermedad. Nos convertimos en observadores conscientes de las elecciones que tomamos y de cómo afectan a la dirección de nuestra vida. Integramos la energía sanadora de la esperanza en nuestra vida e iluminamos la totalidad de nuestro ser.

La fuerza energética del milenio nos ofrece la oportunidad de hacer avances tremendos al aprender cómo utilizar nuestros diferentes grados de conciencia. Ofrece un cambio positivo a todos aquellos que están abiertos y receptivos. Encierra en su interior las llaves que abren los misterios de la mente y revela los pasos que tenemos que dar para penetrar en el vasto reino de la sabiduría espiritual, de la sabiduría sin límites.

La elección es nuestra. Las recompensas son muchas. Los beneficiarios somos todos los miembros de la humanidad.

❀　❀　❀

*Nos volvemos más vibrantes y
radiantes, y tenemos más
poder interno.*

*La intuición es ahora un aspecto
cotidiano de nuestra toma de
decisiones.*

*Este es un momento de tremendos
avances en la conciencia.*

*Ahora somos capaces de penetrar
en el vasto reino de la
sabiduría espiritual.*

❀　❀　❀

A Ron Roth le gusta comer bien tanto como a mí. Hemos disfrutado de muchas buenas comidas juntos. Le conocí hace muchos años, cuando se presentó tímidamente en Hayride, mi grupo de apoyo a los enfermos de sida. Se puso muy nervioso al estar en una sala llena de enfermos de sida. Yo estaba contentísima de tener un sacerdote —lo era entonces— entre nosotros, así que le hice levantarse y dirigir algunas palabras inspiradoras a aquellos jóvenes asustados. Al final de la reunión, muchos de los jóvenes se acercaron a Ron para darle las gracias por estar allí. Perdemos el miedo saltando dentro del fuego.

Louise L. Hay

14

El nuevo milenio:
una época de esperanza

Ron Roth

No hace mucho, llegué a casa una noche después de un día agotador, me dejé caer en el sofá, agarré el mando a distancia y encendí el televisor esperando encontrar algún programa entretenido.

El canal que sintonicé por casualidad daba un programa que, inmediatamente, asaltó mis sentidos con el martilleo sonoro de los miembros de un culto catastrofista que lanzaba temibles predicciones sobre el milenio y el efecto 2000 y anunciaba el principio del fin. Dicho sea de paso, no lo vi el tiempo suficiente para averiguar qué era lo que iba a llegar a su fin. Con suerte sería el fin de todas esas profecías catastrofistas que acaparan últimamente tanta atención de los medios de comunicación.

Por desgracia, la mayoría de esas «profecías» basadas en el miedo provienen de personas que deberían tener más juicio, personas que aseguran estar «inspiradas por Dios». Habiendo trabajado antes en el campo de la religión establecida, estoy en desacuerdo con estos repartidores de culpa y venganza en su interpretación del antiguo significado de la palabra *profeta*. En la historia religiosa, el profeta era el que comunicaba la buena noticia relativa al amor de Dios. A veces, esta buena noticia incluía «visiones» de posibles sucesos cataclísmicos si la gente continuaba viviendo inmersa en la energía negativa del miedo, el odio, la rabia, la amargura y el resentimiento, pautas de pensamiento desfavorables para recibir la energía del amor de lo Divino, que se encuentra en el centro de nuestro ser.

¿Cómo se puede transformar la energía negativa y temerosa en una energía positiva y llena de amor?

Desde un punto de vista práctico, lo mejor es no dejarse llevar por esta manera de pensar basada en el miedo. Este tipo de pensamiento negativo simplemente producirá más miedo. Piensa y afirma que el *amor* es la energía que crea la sanación. Esta manera de pensar producirá más amor, y también paz y armonía. En tus oraciones y meditaciones, libera esta energía sanadora y envíala a todo el planeta afirmando: «Bendigo la tierra y a todas las criaturas con amorosa bondad». Es más, podrías repetir esta afirmación varias veces durante el día.

Y por último, acompaña esta afirmación con la práctica de la bondad. Pregúntate durante la oración de la mañana: «¿Cómo puedo ayudar? ¿Cómo puedo ser un instrumento de la paz?». De manera intuitiva, esa voz divina, baja y apacible, que llevas dentro de ti te guiará. Esa voz te ayudará a recordar: «No tengas miedo porque YO ESTOY contigo».

En mis estudios de la Biblia, descubrí que había 365 consejos en esos escritos sagrados hebreos y cristianos que alentaban a las personas a perder el miedo: ¡un consejo para cada día del año!

Mientras nos acercamos al próximo milenio, yo creo que es hora de prestar atención a esas palabras positivas de esperanza, sabiendo que la mayor contribución que podemos hacer a la vida no son nuestros pensamientos y palabras llenos de miedo, sino nuestros pensamientos y actos imbuidos de *amor*.

En el análisis final, lo que es importante para experimentar la vida a fondo es no sólo lo que fuimos y lo que hicimos los unos por los otros, sino con cuánto amor lo hicimos.

❀　❀　❀

✤ ✤ ✤

El amor es la fuerza sanadora más
poderosa que existe.

Juntos creamos el amor en este
nuevo milenio.

Conectamos con la energía del
amor de lo Divino.

✤ ✤ ✤

❋ ❋ ❋

El amor trae paz y armonía a este
milenio.

Soy un instrumento de paz para el
nuevo siglo.

Nuestros pensamientos y actos
están llenos de amor para todo
lo que está vivo.

❋ ❋ ❋

A menudo me acuerdo de la maravillosa tarde
que pasé con Mona Lisa Schulz en el Acuario
de Chicago. Encontramos la sala de los
pingüinos y nos sentamos un buen rato,
encantadas, mirando cómo las familias de
pingüinos se movían a su aire. Fue un momento
muy especial para las dos. Como a mí, a Mona
Lisa también le gusta dar de comer a los
pájaros. Las dos tenemos varios comederos
desperdigados en nuestras respectivas casas, de
donde pueden comer los pájaros, y nos fascina
ver cómo se alegran cuando encuentran
comida extra.

Louise L. Hay

15

Medicina para el próximo milenio

Mona Lisa Schulz

Algunas personas están realmente muy asustadas por la llegada del nuevo milenio. Son frecuentes las historias pavorosas sobre el cambio apocalíptico y la destrucción que se avecinan. Tal como yo lo veo, cada cual debe aprender que la verdadera intuición es diferente del miedo. Y cuando aprendemos a distinguir la diferencia, no tenemos que sentir que descarrilamos por culpa de un miedo excesivo. El miedo es una emoción que nos avisa que estamos entrando en una zona extraña o desconocida donde está a punto de ocurrir algo nuevo. Nuestros miedos tienen la habilidad de esparcirse y aumentar vertiginosamente para convertirse en algo mayor de lo que deberían ser, según cómo lo interpretamos nosotros y nuestro cuerpo. Podríamos, por ejemplo, creer que una nueva y extraña voluntad nos hará perder el control, nos volverá desvalidos, nos causará dolor o nos hará daño de alguna manera, nos pondrá en peligro o nos hará perder algo valioso. Cuando dejamos que nuestra intuición se nuble de miedo, corremos el riesgo de crear un mundo lleno de peligros inevitables.

Malinterpretar los cambios que se avecinan con el nuevo milenio a través de un velo de miedo es lo que hace que tanta gente se sienta nerviosa. Es probable que, el próximo año o el siguiente, todos experimentemos algún tipo de miedo, grande o pequeño, que será provocado por el impulso de energía del próximo milenio. A mí me gusta llamar a estas sensaciones «experiencias de minimilenio». Cuando sepas lo que son esas experiencias y por qué las tienes, el miedo se evaporará gradualmente y te darás cuenta de lo rica y lo llena que puede ser realmente tu vida.

Mientras entramos en el nuevo milenio, todos podemos esperar experiencias que reflejen la sabiduría del Tarot: todas las áreas de esclavitud que ya no nos sirven deben pasar por los cambios arrasadores de la Torre, para que podamos experimentar la gracia de la Estrella. Y eso es lo que nos trae el nuevo milenio: la oportunidad de deshacernos de nuestra vieja manera de ser, que puede muy bien habernos servido en el pasado, pero que no podrá ayudarnos en el futuro. Seremos invitados a dejar atrás las relaciones y pautas de conducta antiguas, para que la novedad entre en nuestra vida. Eso implica casi siempre sentir miedo y algo de dolor, y después, al final, disfrutar de las sensaciones de calma, paz y un nuevo comienzo que revelan la promesa del nuevo milenio.

❋　❋　❋

Dejamos que se evapore el miedo y
sabemos que estamos a salvo.

Desechamos nuestra vieja manera
de ser que ya no nos sirve.

Introducimos una maravillosa
novedad en nuestra vida.

Aguardamos con ansia el nuevo
comienzo que marca este
nuevo milenio.

❋　❋　❋

He sentido respeto por el Dr. Bernie Siegel desde el día en que le conocí. Todavía conservo mi primer ejemplar de Amor, medicina milagrosa, de 1986. Tiene dobladas las esquinas de prácticamente todas las páginas y muchos párrafos subrayados con mi rotulador transparente. Solía llevármelo a todas partes. Cuando hablaba en público, leía algunos párrafos en voz alta. En aquella época, yo era una loca con ideas locas. Estaba contentísima de haber encontrado a un médico que estuviera de acuerdo con lo que yo llevaba un tiempo diciendo. Bernie es un hombre estupendo y muy sabio.

Louise L. Hay

16

Un mensaje del milenio

Bernie S. Siegel

¿Qué es el hombre para que de él te acuerdes,
y el hijo de Adán para que de él te cuides?
Lo hiciste un poco menor que los ángeles,
y lo coronaste de gloria y honor.
Le hiciste señorear sobre las obras de tus
manos; todo lo pusiste debajo de sus pies.

Salmo 8

Mi esperanza es que en el próximo milenio, la humanidad dará por fin un paso hacia delante y aceptará sus responsabilidades. Dejaremos de ver nuestras diferencias como un motivo por el que luchar o matar, y en cambio, veremos nuestras semejanzas. Es hora de aceptar el hecho de que todos tenemos el mismo color por dentro y provenimos de los mismos padres, Adán y Eva. En el próximo milenio, esperemos que las religiones se conviertan en caminos que conduzcan a Dios, como debería ser, y no en origen de guerras.

Cuando aceptamos que estamos aquí para ser coautores, para propagar el amor de Dios, la compasión y la simpatía por todos los seres vivos, crearemos un jardín del Edén en la Tierra. Un jardín del Edén sin una libre voluntad carece de sentido, pero cuando esta libre voluntad está presente y existen dificultades, la extensión del amor de un ser vivo a otro se transforma en la mayor fuerza de sanación que puede experimentar toda vida.

Lee 1 Corintios 13,13 y descubre el poder y las cualidades del amor: «*Ahora permanecen la fe, la esperanza y el amor, los tres; pero el mayor de ellos es el amor*».

Para sobrevivir necesitamos tener fe en el verdadero Señor; Él nos ha creado por amor para propagar el amor a toda la creación. También necesitamos tener esperanza para continuar adelante, pero la esperanza y la fe están sostenidas por el amor que hemos de empezar a demostrarnos los unos a los otros y a todas las formas de vida.

De la nada, el gran potencial indiferenciado, llegó Aquel que nos creó a todos. Para mí no es un misterio que el número 10 sea tan simbólico. El Uno y el Cero. Toda la informática se basa en ello. Los Diez Mandamientos, el *minyan*, los dedos del cuerpo humano, la mejor nota, etcétera. El 10 es la suma de todas nuestras relaciones y significados:

$1+2+3+4=10$. Cuando nos reunamos todos, encontraremos la plenitud en el próximo milenio.

Rezo para que así sea. La solución a nuestros problemas no se encuentra en el espacio exterior, sino que está dentro de nosotros. Nuestro pasado está en el espacio, pero nuestro futuro está dentro de nosotros. Cuando los dioses ocultaron la sabiduría, la pusieron allí donde sabían que la humanidad raramente miraba. No, no está en la cima de ninguna montaña, ni sumergida en el mar ni enterrada bajo la tierra. La escondieron dentro de cada uno de nosotros. Dejemos de tener miedo a ir a nuestro interior. Dejemos de proyectar la maldad en los demás. Aceptemos nuestras sombras e imperfecciones y eliminémoslas con la luz del amor.

Jonás gritó desde el estómago de una ballena. Dios le oyó y respondió. A nosotros también nos oirá si levantamos nuestra voz en nombre de la fe, la esperanza y el amor. Dios me ha pedido que me despida con esta parábola: Somos antenas parabólicas, controles remotos y pantallas de televisión. Por favor, créelo a pies juntillas. Si tienes problemas, como yo, con las metáforas, deja que te ayude. Somos receptores de la Palabra; pero, ¿con qué palabra o canal sintonizas? Tienes un corazón y una mente que utilizas para seleccionar el canal que quieres escuchar. Deja que sea la voz de Dios, y entonces, utiliza tu cuerpo como una pantalla de televisión para manifestar tus creencias con la acción adecuada. La clave son los actos, no las palabras fútiles. Vive tu amor, y el mundo será sanado. Los actos hablan más alto que las palabras.

Compréndete, perdónate y ámate. Ama a tu familia, a tus amigos y a los extraños, ama a tus enemigos. Ahora se lo merecen. Eso te sanará a tí, los sanará a ellos y sanará nuestro planeta.

✺　✺　✺

Reconocemos nuestras semejanzas
con los demás y nos alegramos
de ellas.

Como cocreadores, imaginamos un
auténtico jardín del Edén en la
Tierra.

El poder del amor impregna a
todas las personas, todos los
lugares y todas las cosas de este
planeta.

Nuestro futuro reside en nuestro
corazón y en nuestra mente.

Sintonizamos con los canales
positivos de la sabiduría.

Vivimos nuestro amor,
y el mundo sana.

✳ ✳ ✳

Como jardinero orgánico entusiasta, Donald
Trotter se ganó mi corazón la primera vez que
le vi. No tardamos en hablar de jardines y
compartir ideas. A Donald le impresionó que
yo fuera tan buena jardinera, y a mí me
impresionó la enorme cantidad de
conocimientos que tenía. Estoy deseando
siempre recibir sus frecuentes mensajes
electrónicos con nuevos consejos de jardinería
y alguna que otra broma. Los dos creemos que
es posible sanar el planeta nutriendo los
valiosos pedacitos de tierra que tenemos
el privilegio de cultivar.

Louise L. Hay

17

Conservación de la Tierra: una expresión para el nuevo milenio

Donald W. Trotter

Hola, amigos terrícolas, y bienvenidos a la fiesta del nuevo milenio. Mientras nos embarcamos en este viaje al siglo XXI, quiero hablaros de una expresión en la que he pensado últimamente: *conservación de la Tierra.* Es posible que me pase el resto de mi vida para comprender, plenamente, el significado de esta expresión bastante nueva, que es sin duda muy adecuada para el nuevo milenio.

Nosotros los seres humanos tenemos mucho trabajo que hacer en infinidad de aspectos mientras damos forma a la arcilla que será nuestro legado para las generaciones futuras. A medida que vaya teniendo lugar esta evolución, no debemos olvidar que, por muy avanzada que llegue a ser nuestra tecnología, la naturaleza y el mundo natural nunca quedarán obsoletos. Este planeta ha sido nuestro hogar hasta ahora, y se nos pedirá que seamos mejores conservadores de la Tierra si pretendemos que sea nuestro hogar en el futuro. A medida que nuestras tecnologías vayan creciendo en espíritu, lo único constante será la Tierra. Si hacemos afirmaciones sobre el amor, el crecimiento personal, el amor, la conciencia espiritual, el amor, las responsabilidades y el amor, ¿no deberíamos incluir también el medio ambiente que nos sostiene?

Tómate un momento y piensa en algunas de las cosas más increíbles que has presenciado en tu vida, algo que te haya dejado sin respiración. ¿Ves en ellas la naturaleza o algún milagro natural?

Este increíble planeta que da vueltas por el espacio nos alimenta, nos viste y nos protege. La Tierra es un fenómeno tan único y especial, que somos muy afortunados de vivir en ella. No sé si a veces olvidamos lo raros y extraordinarios que somos los seres humanos. Somos capaces de tener unos sentimientos realmente profundos y de poseer mucho encanto. Todo esto es posible gracias a nuestra Tierra y a la naturaleza que llamamos Madre. Mientras nos apresuramos para pagar facturas, criar a nuestros hijos y convertirnos en mejores personas, la Tierra aguarda pacientemente a que compartamos su belleza y su generosidad.

En el próximo siglo, esforcémonos en comprender y apreciar a nuestro planeta para que podamos entender mejor los nuevos mundos que estamos destinados a encontrar mientras contemplamos las estrellas. Para lograr este conocimiento de nuestro planeta, debemos ser respetuosos con la fantástica diversidad de organismos vivos que lo habitan, además de nosotros. Con este respeto, todos juntos podremos sanar lo que hemos dañado y nutrir a la Madre Tierra, que lleva tanto tiempo nutriéndonos a nosotros.

Conservación de la Tierra, una expresión para el nuevo milenio.

❀ ❀ ❀

*Todos nos volvemos mejores
conservadores de la Tierra.*

*Damos gracias por la belleza
que la Tierra nos regala
constantemente.*

*Todos los días apreciamos nuestro
planeta de nuevas maneras.*

*Cuidamos con esmero nuestro
valioso medio ambiente.*

*Nutrimos a la Madre Tierra,
que nos nutre a nosotros.*

❀ ❀ ❀

Si quieres pasar un buen rato, queda con
Stuart Wilde. Tiene un sentido del humor de lo
más inesperado. Yo siempre me río cuando
estoy con él. No conozco a nadie que se meta en
situaciones más tontas y encuentre soluciones
más insólitas para salir de ellas. Stuart ve
la vida con unos ojos que perciben
lo necios que somos.

Louise L. Hay

18

Fe en un planeta equilibrado

Stuart Wilde

El comienzo de este nuevo milenio es una fecha arbitraria. La mayor parte de los historiadores dicen que Jesús nació en el año 4 a.C., y en la Edad Media* desaparecieron 11 días del calendario gregoriano. Por eso, si tenemos en cuenta estos factores, podemos afirmar que el nuevo milenio comenzó, de hecho, a finales de 1996.

Sin embargo, la llegada del milenio sigue impactándonos, y permite a muchos reconocer sus miedos y expresar su lado oscuro. Esa es la razón de que la mercancía apocalíptica circule con tanta fuerza; muchas organizaciones están vendiendo el fin del mundo. Incluso se pueden comprar mapas canalizados por médiums que muestran qué partes de Estados Unidos y del resto del mundo quedarán sumergidas bajo las aguas cuando ocurran los cambios de la Tierra.

---

* En realidad, en 1582. [*N. del E.*]

El agua es el símbolo arquetípico de la emoción. Cuando la gente se siente limitada y abrumada por el cambio y por su ritmo de vida, imagina cataclismos e inundaciones. Yo no creo que el mundo se vaya a acabar. Es más, veo el milenio como algo positivo. Nos permite mirar quiénes somos y adónde vamos.

En la próxima generación, veremos un proceso de tira y afloja entre los que buscan perpetuar el consumismo y el crecimiento industrial y los que persiguen lo contrario, que advertirán de la necesidad de simplificar, conservar y frenar la marcha hacia delante del materialismo y el crecimiento económico.

Será interesante ver lo que ocurre. Se trata del yang contra el yin. El ecosistema de nuestro planeta necesita desesperadamente al equipo yin para ganar, ya que los niveles de toxicidad de los bifenilos policlorados, las dioxinas y otras sustancias químicas que pretenden remedar a los estrógenos y que actúan en la cadena alimentaria, parece que causan daños irreparables a la reproducción humana y animal.

En Estados Unidos, la tasa de natalidad ha descendido gradualmente en los últimos años hasta quedarse estancada. En Europa está muy por debajo del nivel de crecimiento de la población, con muy pocas excepciones. En Asia, por el contrario, continúa estando muy por encima. No obstante, la fertilidad desciende espectacularmente en todo el mundo.

Quizá sea ésta la manera en que el planeta cuida de sí mismo. Una vez que los contaminantes entran en contacto con la grasa del organismo, el índice de reproducción baja y la actividad industrial disminuye, con lo cual se devuelve el equilibrio al planeta.

Yo juego con el equipo yin. No me fío de nuestra agua potable, y por eso he instalado sistemas de filtro y ósmosis inversa en casa. Intento comer sólo alimentos orgánicos, porque no confío en el proceso de producción masiva de alimentos. Creo que la simplicidad y el enfoque sensato acabarán por triunfar, pero el equipo yang nos llevará la delantera hasta el descanso. El impacto ecológico del consumismo será incluso más marcado, y o bien cambiaremos voluntariamente, o nos veremos obligados a hacerlo.

En cualquier caso, estoy convencido de que el planeta saldrá airoso al final. La Tierra es un sistema autoorganizado, que tiene un espíritu, más o menos igual que nosotros tenemos un espíritu que se desarrolla dentro de nuestra forma humana. El espíritu de la Tierra sabe cómo equilibrarse; al fin y al cabo, lleva creciendo y desarrollándose más de cuatro mil millones de años, a menudo en condiciones mucho peores que la situación actual.

Espiritualidad, minimalismo, tolerancia y la manera yin de vivir representan una expresión que todavía no ha llegado, pero que llegará.

❁   ❁   ❁

✻ ✻ ✻

*La Tierra es un sistema
autoorganizado.*

*Este planeta sabe cómo
equilibrarse y curarse él mismo.*

*La Tierra lleva aquí miles de
millones de años y así continuará.*

*Estamos a salvo y todo va bien en
nuestro mundo.*

✻ ✻ ✻

En los primeros tiempos de la epidemia del sida, Marianne Williamson y yo estuvimos en vanguardia intentando ayudar a la gente a superar la enfermedad. Las dos celebrábamos reuniones semanales en la zona de Los Ángeles. Como las hacíamos en noches diferentes, muchas personas podían asistir a las dos. Marianne puso en marcha el proyecto «Comida del Ángel», que proporcionaba alimento a los que padecían la enfermedad y no tenían dinero para comer. De aquellos días tenemos recuerdos que nos acompañarán el resto de nuestra vida.

Louise L. Hay

19

Elecciones en el tercer milenio

Marianne Williamson

Mientras contamos los días que faltan para que llegue el tercer milenio, sentimos más y más como si nos aproximáramos a una encrucijada en el camino de la historia humana. Por un lado, veo hechizo, luz y dicha espiritual. Por el otro, veo nubes oscuras merodeando sobre la humanidad, y destrucción y devastación a unos niveles inimaginables. Aunque me admira la perspectiva de que llegue a suceder cualquiera de las dos visiones, en el fondo de mí hay algo que me dice: «Hay dos opciones. Cada cual que elija la suya».

¿Quién de nosotros no desea ver que la humanidad toma el camino más elevado, el camino de la paz? Sin embargo, en este punto, si eso va a pasar, será sólo porque hagamos que pase. La verdadera elección del amor exige, en algún nivel, coraje personal; el perdón es un rompimiento radical de la mentalidad de nuestro tiempo, basada en el orden establecido. Imaginemos que el Gobierno estadounidense declara que el propósito de Estados Unidos es que sintamos amor los unos por los otros y por el mundo entero. Imaginemos que la salud y la felicidad de los niños de todo el mundo se convierten en nuestro máximo objetivo. Imaginemos que la erradicación del sufrimiento humano se vuelve nuestra meta más elevada. Imaginemos que nuestro deseo y nuestra buena voluntad de perdonarnos los unos a los otros son más fuertes que nuestra tentación de juzgar y atacar.

Imaginémonos un mundo mejor y convirtamos nuestro corazón y nuestras visiones espirituales en una fuerza de amplia escala social a favor del bien. Eso, para mí, es el significado del milenio: podemos tener cualquier cosa que queramos tener y tendremos aquello que elijamos. Elijamos la esperanza. Elijamos la paz. Elijamos el perdón. Elijamos el amor.

❀ ❀ ❀

❀   ❀   ❀

*La humanidad elige ahora el
camino elevado.*

*Nuestro propósito es sentir amor
los unos por los otros y por el
mundo entero.*

*Ahora erradicamos todo el
sufrimiento humano.*

*Entramos en un milenio lleno de
amor.*

❀   ❀   ❀

Pensamientos finales

Louise L. Hay

En la llegada del milenio, yo veo cambios positivos en todos los ámbitos de la vida, sobre todo en el campo de la salud. Por ejemplo, en las residencias de la tercera edad habrá centros de salud holistas. Además de los tradicionales médicos y enfermeras, habrá también quiroprácticos, acupuntores, homeópatas, practicantes de la medicina china tradicional, nutricionistas, especialistas en hierbas medicinales, terapeutas del masaje y profesores de yoga. Será una época en la que todo el mundo esperará con ansia los años despreocupados y saludables que le aguardan cuando se haga mayor.

Sé, a través de la vasta correspondencia que recibo de personas de todo el mundo, que mucha gente está lista para realizar cambios positivos y dispuesta a aprender maneras nuevas de pensar y creer. Como dice Ken Carey en su libro *The New Millenium* [El nuevo milenio], «las lluvias cálidas del Nuevo Pensamiento empaparán suavemente la tierra de la conciencia humana».

Las antiguas profecías que vaticinan grandes catástrofes para la humanidad fueron escritas cuando la conciencia humana era muy diferente. En los últimos veinte años, las creencias de la humanidad han dado un giro enorme y las antiguas profecías han dejado de ser ciertas. A los que acuden a los textos antiguos para predecir nuestro futuro, yo les digo: «Sólo porque algo está profundamente arraigado, eso no quiere decir que sea cierto». Recuerda que hubo un tiempo en que creímos que la Tierra era plana. Podemos sanar e ir más allá de las limitadoras creencias sociales que predicen un milenio lleno de miedo y peligro. Para mí, el milenio no es más que un número, y realmente, no tiene ningún otro significado. Depende mucho de qué calendario se utilice. El calendario que empleamos ahora en el mundo occidental es, de hecho, una versión corregida del calendario gregoriano.

O sea que, como ves, podemos elegir el camino que queramos seguir. Podemos albergar pensamientos de temor o elegir pensar en las gloriosas posibilidades que la Vida nos tiene reservadas. El futuro depende de nosotros. Tenemos el poder de llevar la paz a todos los seres del planeta. Tenemos el poder de sanar la naturaleza y calmar los temblores de la Tierra. Tenemos el poder de curar a nuestros hijos y volver la vida segura para ellos. Tenemos el poder de convertir la guerra en algo anticuado que pertenezca al pasado. Tenemos el poder de dar comida, ropa, vivienda y educación a todas las personas de todo el mundo.

El milenio que se avecina será un reflejo de lo que hay en tu corazón y en tu mente. Únete a mí y a otros millones de personas para crear una atmósfera mental en este planeta que nos traerá a todos sólo experiencias buenas y expansivas.

Podemos avanzar en la vida y aceptar las mayores oportunidades y los mayores desafíos, sabiendo que *¡todo está bien!*

Afirmaciones
para el año 2000
y después

Louise L. Hay

*Irradiamos éxito y prosperamos dondequiera
que vayamos.*

*El año 2000 es un momento de comienzos
nuevos y maravillosos.*

*Vivimos con la creencia de que estamos aquí
para «bendecirnos y hacernos prosperar
los unos a los otros».*

*La seguridad que buscamos en el mundo
exterior comienza con la seguridad que creamos
dentro de nosotros.*

*Aplicamos un nuevo y original pensamiento en
este nuevo siglo y tenemos nuevas y originales
experiencias.*

Hemos elegido encarnarnos en este momento particular para formar parte del proceso de sanación del planeta.

Este es el principio del mejor siglo de todos los tiempos.

El nuevo milenio sólo nos traerá experiencias buenas y positivas.

El año 2000 inaugura una nueva era de libertad y pensamiento positivo.

Recibimos nueva información para vivir de una manera positiva.

Estamos siempre a salvo y divinamente protegidos y guiados.

Nuestra comprensión de la Vida y de cómo vivir se profundiza y crece.

Aprendemos a amarnos y apoyarnos los unos a los otros y nuestro camino se vuelve fácil.

Nos encanta despertar y saludar a otro precioso día del nuevo milenio.

El nuevo siglo no tiene nada que ver con los siglos que hemos conocido hasta ahora.

Sólo tenemos pensamientos sobre lo que realmente queremos en nuestra vida.

Elegimos tener pensamientos que nos hagan
sentir bien.

Nuestro bien viene constantemente hacia
nosotros para que nos relajemos y
disfrutemos de nuestra nueva vida.

Estamos libres de las restricciones del pasado
y listos para disfrutar de la nueva era.

Cualquier desafío que se nos presente es sólo
un acontecimiento pasajero, y todo va realmente bien en nuestro mundo.

Estamos constantemente redefiniendo quiénes
somos y cómo queremos vivir.

Aquello que elegimos pensar y hacer hoy tiene
un efecto en nuestro futuro.

Somos poderosos creadores en nuestro mundo.

Aceptamos las oportunidades a medida que se
nos presentan.

Nos sentimos seguros de nuestro futuro.

Dedicamos tiempo a contribuir a que el planeta
sea un lugar mejor donde vivir.

Nuestros pensamientos de amor nos conectan
con personas de la misma mentalidad,
y juntos contribuimos a sanar el planeta.

Siempre que nos enteramos de un desastre, enviamos amor y pensamientos de curación a aquellos que lo padecen.

Mientras nos liberamos del pasado, nos aceptamos a nosotros mismos y aceptamos la vida bajo una luz totalmente nueva de libertad, compasión, alegría y amor.

Nos rendimos a los nuevos cambios positivos de nuestra vida. Estamos a salvo y recibimos apoyo en todo momento.

Nuestros hijos están siempre rodeados de personas sanas, felices y que les apoyan.

Confiamos en nuestra guía interna. Nos enseña la mejor manera de vivir.

Vamos ahora hacia una nueva era de prosperidad y abundancia. Gracias, Vida.

La sabiduría del universo reside en cada uno de mis hijos, y todos ellos están a salvo.

Estamos desarrollando una fuerte fe en nosotros mismos y en la vida.

En este nuevo siglo sólo vendrá el bien.

Dejamos atrás el pasado y experimentamos ahora un nuevo futuro, próspero, brillante y lleno de amor.

El pasado ya ha pasado, y todo lo que se
avecina es bueno.

Confiamos en el proceso de la Vida.

Cada elección que hagamos de ahora en
adelante es la elección perfecta para nosotros.

Nuestra compasión por todo lo que vive ayuda
a sanar el planeta.

Estamos en el lugar adecuado, en el momento
preciso, haciendo lo correcto.

Nos regimos por la ley de nuestra propia
conciencia, ya que nuestros pensamientos crean
nuestra vida.

Los pensamientos armoniosos crean una vida
armoniosa y llena de amor.

Renunciamos de buena gana a cualquier
necesidad de lucha o sufrimiento. Nos
merecemos todo lo bueno.

Todos nuestros amigos y todos los miembros de
nuestra familia están, en todo momento,
divinamente protegidos.

Imaginamos un mundo lleno de amor y bondad
y hacemos todo lo posible para contribuir a
crear este mundo altruista.

Hoy profundizamos en nuestra inteligencia
para comprender más la Vida.

El mundo se vuelve un lugar más seguro para
las mujeres y los niños, y nosotros
contribuimos a esa seguridad.

Estamos en paz con los cambios positivos que el
nuevo milenio trae e nuestra vida.

Creamos ahora un mundo de amor en nuestra
mente. Aquello que está dentro de nosotros
debe desarrollarse en nuestro mundo exterior.

Somos conscientes, constantemente, de nuestro
contacto íntimo con el universo y con todo
lo que está vivo.

Fluimos con el perfecto desarrollo de
nuestra vida.

Con dicha y anticipación, damos la bienvenida
a nuevas experiencias en nuestra vida.

Estamos abiertos y relajados y somos libres.
Vivimos en el presente con tranquilidad.

Aquello que es para nuestro mayor bien, ahora
se desarrolla perfectamente ante nosotros.

Todas nuestras experiencias mejoran
continuamente. Nos sentimos equilibrados,
en paz y felices.

Es muy divertido crear una nueva y
maravillosa vida para todos nosotros.
Disfrutamos teniendo nuevos pensamientos.

Reconocemos nuestro verdadero valor
y sabemos que todo en nuestra vida es bueno
y abundante.

Estamos en estrecho contacto con la sabiduría
divina. Todas las respuestas a todas
las preguntas que podamos hacernos ya están
dentro de nosotros. Confiamos en nuestra
propia intuición.

Nos desprendemos de todos los pensamientos
de temor, porque sabemos que todo marcha bien
en nuestro mundo, ¡ahora y para siempre!

Sobre los colaboradores

JOAN BORYSENKO, doctora en medicina, está considerada como una científica respetada, una terapeuta dotada y una mística que no se avergüenza de ello. Doctorada en la Facultad de Medicina de la Universidad de Harvard, donde dio clases de medicina hasta 1988, es pionera de la medicina mente-cuerpo y la salud de las mujeres y autora de varios libros, incluidos los éxitos de ventas *La salud física a través de la salud mental*, *Tu mente puede curarte*, *A Woman's Book of Life* [Libro de vida de la mujer] y *The Ways of the Mystic* [Los caminos del místico].

❋ ❋ ❋

CAROLYN A. BRATTON es cofundadora del Lifestream Center de Roanoke, el único centro de sanación holista de Virginia; es también ministra ordenada. Graduada en dos de los Programas Intensivos de Formación de Louise L. Hay, lleva varios años dirigiendo talleres y seminarios en Estados Unidos y en el extranjero, basados en los libros *Usted puede sanar su vida*, de Louise Hay, y *Las nueve revelaciones*, de James Redfield.

❀   ❀   ❀

De los increíbles poderes de médium de SYLVIA BROWNE son testigos millones de espectadores de programas de televisión como *Montel Williams* y *Unsolved Mysteries*. Ha aparecido en numerosos programas de noticias de Estados Unidos, y la exactitud de sus interpretaciones como médium no deja de asombrar al público. Sylvia es la presidenta de Sylvia Browne Corporation, y la fundadora de la Society of Novus Spiritus, una iglesia ubicada en Campbell (California). Es la autora de *Adventures of a Psychic* [Aventuras de una vidente], un libro que ha sido un gran éxito de ventas.

❀   ❀   ❀

DEEPAK CHOPRA es el director jefe del Chopra Center for Well Being, en La Jolla (California). Es autor de muchos libros, todos grandes éxitos de ventas, entre ellos *Las siete leyes espirituales del éxito*; *La curación cuántica*; *Cuerpo sin edad, mente sin tiempo*, y *El camino de la sabiduría*. Ex jefe de personal del New England Memorial Hospital, ha enseñado también en la Universidad Tufts y en la Facultad de Medicina de la Universidad de Boston. Reconocido por su papel de transmisor de los principios orientales en el mundo occidental, es un orador aclamado internacionalmente, y aparece con frecuencia en las cadenas de televisión públicas de Estados Unidos. El doctor Chopra enseña actualmente técnicas cuerpo-mente y programas de educación en todo el mundo.

❉ ❉ ❉

ALAN COHEN es el autor de catorce populares e inspiradores libros, incluido el clásico *The Dragon Doesn't Live Here Anymore* [El dragón ya no vive aquí] y el premiado *A Deep Breath of Life* [Una honda bocanada de vida]. También colabora en la serie de gran éxito del *New York Times*, *Sopa de pollo para el alma*. Alan vive en Maui, Hawai, donde dirige seminarios sobre el despertar espiritual y la vida visionaria. También da conferencias por todo Estados Unidos y el extranjero.

❉ ❉ ❉

TERAH KATHRYN COLLINS es una consultora internacionalmente reconocida de Feng Shui, conferenciante, profesora y autora de varios libros de gran éxito. Con experiencia en los campos de la comunicación y la salud holista, es autora de *Essential Feng Shui* [Feng Shui esencial] y *Feng Shui para Occidente* [publicado por Ediciones Urano], y fundadora de la Western School of Feng Shui [Escuela Occidental de Feng Shui], situada en la zona de San Diego. Su primer libro, *Feng Shui para Occidente*, es uno de los libros de Feng Shui más vendidos en todo el mundo. Como oradora, ha sido invitada a muchos programas de radio y televisión, así como también a acontecimientos especiales, entre ellos la Conferencia de Feng Shui y los seminarios para hacer más poderosas a las mujeres, celebrados en muchas ciudades a lo largo y ancho de Estados Unidos.

❀   ❀   ❀

El doctor TOM COSTA es fundador de la Iglesia de la Ciencia Religiosa del Desierto, en Palm Desert (California), y actualmente pertenece a la junta directiva de la Ciencia Religiosa Internacional. Su popularidad como orador es el resultado de sus numerosas apariciones en televisión, y ha dado conferencias y seminarios por todo Estados Unidos y Canadá. Es autor de *Life! You Wanna Make Something of It?* [¡La vida! ¿Quieres hacer algo con ella?].

❀   ❀   ❀

SHAKTI GAWAIN es la autora de libros de tanto éxito como *Visualización creativa*, *Vivir en la luz*, *Retorno al Edén* y varios otros. Durante más de 20 años, ha ayudado a miles de personas a aprender a confiar en su propia verdad interior y actuar según ella, liberando y desarrollando así su creatividad en todos los aspectos de su vida. Sahkti y su marido, Jim Burns, son cofundadores de la editorial Nataraj. Tienen su hogar en Mill Valley (California) y en la isla hawaiana de Kauai.

❊   ❊   ❊

LOUISE L. HAY es conferenciante metafísica, profesora y autora de 23 libros que han tenido un gran éxito, entre ellos *Usted puede sanar su vida* y *¡El mundo te está esperando!* Sus obras se han traducido a 25 idiomas diferentes en 33 países de todo el mundo. Desde que comenzó su carrera como ministra de la Ciencia de la Mente en 1981, Louise ha ayudado a miles de personas a descubrir y utilizar todo el potencial de su propio poder creativo para el crecimiento personal y la autocuración. Es la propietaria y fundadora de Hay House, una editorial de autoayuda que difunde libros, casetes y vídeos que contribuyen a la curación del planeta. [Todas sus obras y vídeos han sido publicados por Ediciones Urano.]

❀ ❀ ❀

CAROLLE JEAN-MURAT es tocóloga y ginecóloga de profesión y tiene una consulta particular en San Diego, California, desde 1982. Es profesora clínica adjunta en la Facultad de Medicina de la Universidad de California en San Diego y consejera de los estudiantes que reciben menos apoyo de la Universidad Estatal de San Diego. La doctora Jean-Murat es una conferenciante estimulante que hace llegar su mensaje de poder a las mujeres a través de la prensa escrita y otros medios de comunicación, y es la autora de *Staying healthy: 10 Easy Steps for Women* [Estar sana: 10 pasos fáciles para las mujeres] y *Menopause Made Easy: Making the Right Decisions for You* [La menopausia puede ser fácil: Cómo tomar las decisiones adecuadas para una misma].

❀ ❀ ❀

WILLIAM R. LEVACY es licenciado en literatura y practica la astrología védica o *Jyotish*, como se llama en la India, desde hace más de quince años. En 1977, Bill hizo un *master* en la Ciencia de la Inteligencia Creativa en la Universidad Europea de Investigación Maharishi, donde concentró sus estudios en la ciencia védica. Sus quince años de experiencia como asesor en la industria aeroespacial contribuyen a la naturaleza práctica, aunque siempre personal, de sus lecturas astrológicas, y se reflejan en su didáctica obra sobre la astrología védica, *Beneath a Vedic Sky* [Bajo un cielo védico]. Bill reside en el sur de California.

❀   ❀   ❀

CHRISTIANE NORTHRUP, pionera en su campo, es una tocóloga y ginecóloga que ayuda a las mujeres a potenciar su poder, sintonizar con su sabiduría interna y hacerse cargo de su salud. Es profesora adjunta de tocología y ginecología clínica de la Facultad de Medicina de la Universidad de Vermont. Es autora del éxito de ventas *Women's Bodies, Women's Wisdom* que aparecerá pronto editado por Ediciones Urano, bajo el título de *Guía de salud para la mujer* y presentadora de dos programas de gran éxito de la televisión pública de Estados Unidos. La doctora Northrup vive en Yarmouth (Maine), con su marido y sus dos hijas adolescentes.

❀   ❀   ❀

JOHN RANDOLPH PRICE es un conferenciante y autor muy premiado y conocido internacionalmente. Ex director ejecutivo en el mundo empresarial, ha dedicado más de un cuarto de siglo a investigar los misterios de la sabiduría antigua y a incorporar esos descubrimientos en muchos libros, entre ellos *The Abundance Book* [El libro de la abundancia], *The Superbeings* [Los superseres] y *With Wings As Eagles* [Con alas como las águilas]. En 1981, él y sus esposa, Jan, crearon la fundación The Quartus, una organización de comunicación e investigación espiritual, que ahora tiene la sede en el pueblo de Boerne, situado en un altozano de Tejas, cerca de San Antonio.

✹ ✹ ✹

CAROL RITBERGER, doctora en teología, es la autora de *Your Personality, Your Health* [Tu personalidad, tu salud], y una líder innovadora y con intuición médica en los campos de la tipología de la personalidad y la medicina conductista. Ha dedicado dieciocho años a investigar y enseñar la comprensión del comportamiento basado en la personalidad y cómo afecta a la vida y la salud de las personas. Sus estudios incluyen la psicología conductista de la personalidad y las ciencias del cuerpo-mente. Carol da conferencias y dirige seminarios por todo el mundo, que se centran en entender cómo la personalidad, el estrés y las emociones contribuyen a la aparición de enfermedades físicas.

❀   ❀   ❀

RON ROTH es un profesor internacionalmente conocido, un sanador espiritual y un místico moderno. Es una de las voces cantantes que nos conducen hacia el nuevo milenio, y ha aparecido en muchos programas de radio y televisión, incluido *The Oprah Winfrey Show*. Es autor de varios libros, entre ellos el éxito de ventas *The Healing Path of Prayer* [La senda sanadora de la oración], y del casete *Healing Prayers* [Oraciones de curación]. Fue sacerdote de la Iglesia Católica durante más de 25 años y es el fundador del Celebrating Life Institute, situado en Peru (Illinois), donde vive.

❀   ❀   ❀

MONA LISA SCHULZ es neuropsiquiatra, utiliza la medicina intuitiva y es autora de *Awakening Intuition* [de próxima aparición en Ediciones Urano], una guía práctica para los que buscan sanar conductas muy enraizadas asociadas con los problemas de salud. La doctora Schulz es también profesora adjunta de psiquiatría clínica de la Facultad de Medicina de la Universidad de Vermont. Por medio de la intuición, enseña cómo las pautas emocionales de la vida de una persona están asociadas con enfermedades físicas específicas.

Vive en Yarmouth (Maine), con sus gatas: Emily, Dina y Molly.

❀   ❀   ❀

BERNIE SIEGEL es cirujano general y pediatra; está jubilado, y actualmente se dedica a humanizar la atención y la educación médicas. Es el autor de *Amor, medicina milagrosa*; *Paz, amor y autocuración*; *Cómo vivir día a día*, [publicado por Ediciones Urano] y *Prescriptions for Living* [Recetas para vivir]. Bernie reside en Connecticut con su esposa, Bobbie.

❀   ❀   ❀

DONALD W. TROTTER es el autor de *Natural Gardening A-Z* [Jardinería natural de la A a la Z], asesor de horticultura y científico medioambiental. Don creció en una familia donde la agricultura comercial formaba parte de la vida diaria. Continuó con el amor a las plantas que le inculcó su familia y siguió adelante con su educación para aprender cómo se podía conservar el frágil equilibrio de la naturaleza en la agricultura y en los jardines residenciales. Está convencido de que nadie tiene que utilizar insecticidas dañinos para cuidar con éxito su jardín o llevar adelante su granja.

❋ ❋ ❋

Autor y conferenciante, STUART WILDE es uno de los auténticos personajes del movimiento de potencial humano y autoayuda. Su estilo es humorístico, controvertido, profundo y enormemente transformador. Ha escrito trece libros considerados clásicos en su género, entre los que destacan los cinco que componen el *Taos Quintet* [El quinteto de Taos] considerado un clásico contemporáneo: *Affirmations* [Afirmaciones], *The Force* [La fuerza], *Miracles* [Milagros], *The Quickening* [La vivificación] y *The Trick to Money Is Having Some* [El truco del dinero está en tenerlo]. Sus libros se han traducido a doce idiomas.

❋ ❋ ❋

MARIANNE WILLIAMSON es una conferenciante internacionalmente aclamada y autora de varios grandes éxitos de ventas: *The Healing of America* [La sanación de Estados Unidos], *Volver al amor*, *El valor de lo femenino* y *Luz para el camino* [estas tres últimas, publicadas por Ediciones Urano], entre otras obras. Ha organizado muchas obras de caridad por todo Estados Unidos para personas con enfermedades incurables, y es la fundadora de The American Renaissance Alliance, una organización no lucrativa dedicada a introducir los principios espirituales en el discurso político. Actualmente es líder espiritual de la Iglesia de Hoy, el nombre que toma la Iglesia de la Unidad en Warren (Michigan).

❀ ❀ ❀

Obras de Louise L. Hay publicadas por Ediciones Urano

Usted puede sanar su vida
Amar sin condiciones
Ámate a ti mismo
Pensamientos del corazón
El poder está dentro de ti
Sana tu cuerpo
Meditaciones para sanar tu vida
¡Vivir!
El mundo te está esperando
Gratitud
Respuestas
El nuevo milenio

En catalán

Vostè pot sanar la seva vida
Pensaments del cor
El poder es dintre teu
Meditacions per a sanar la teva vida
Estima't: canviaràs la teva vida

Vídeos

Usted puede sanar su vida
Tus pensamientos crean tu vida
Seminario Louise L. Hay en Barcelona

Casetes

Lo que yo creo. Relajación profunda
Abrirse a la prosperidad
La autocuración
El poder de la palabra
Tus pensamientos crean tu vida
La totalidad de las posibilidades